蹴球学

名将だけが実践している8つの真理

The Football Theory

著者 Leo the football
構成 木崎伸也

KADOKAWA

まえがき

「日本の指導者はヨーロッパに比べて遅れていますか？」

YouTubeで生配信をしていると、よくこんな質問を受けます。

おそらく質問者の方は、僕が現在の日本サッカー界の問題をぶった斬ることを期待しているのかもしれませんし、そういう思いに応えた方がいいのかなという気持ちはあります。

ただし、「日本」と大きく括《くく》るのはあまり好きではありません。日本にも優れた指導者がいるからです。

オンラインサロン『レオザ学園』では毎月サッカー関係者を招いて授業を開催しているのですが、僕自身そこで優れた指導者から多くのことを吸収してきました。

逆にヨーロッパにも良くない指導者は山のようにいます。５大リーグで指揮を取っているからといって全員が優秀なわけではありません。

とはいえ、優秀な指導者の割合がヨーロッパに比べて少ないのは確かでしょう。日本では戦術の基本が押さえられていない試合をしばしば目にします。

たとえば守備におけるプレス。

日本代表では、1つ目のプレスの約束事は個人の「頑張り」によるものです。しかしそれがかわされて逆サイドに振られたときなどに、誰が前に出ていくのか、後ろでどうスライドするのか、中央の選手を誰が抑えるのかといった原則が決まっていません。選手個人の判断に委ねられている部分が多いので、誰かが行ったり行かなかったり、メンバーや状況によってそのつど違う現象が起こってしまいます。

これを僕は**「ミス待ちサッカー」**と呼んでいます。

知性をもとにした連動で相手を上回ろうとするのではなく、個人の資質や確率によって何とかしようとするサッカーです。

僕が出会ったプロ選手やアマチュア選手に話を聞くと、日本の指導では「精神論」が大きな比重を占めている印象を受けます。試合から逆算したロジカルなメニューではなく、罰ゲーム的な素走りやゲームで起きづらい1対1の練習がまだまだ浸透しているのではないでしょうか。

自分の頭でサッカーを考えられ、それを突き詰められる選手ならば、非論理的な指導の中からもトップの舞台に這《は》い上がってこられます。しかしガムシャラに頑張ることしか知らない選手はそういきません。

正しい努力の仕方と出合えず、根性だけでなんとかしようとして「自分には才能がない」と思い込んでフェードアウトしてしまった選手は山のようにいるのではないでしょうか。

指導者や選手たちが知性を使いサッカーをレベルアップさせるきっかけの一つになりたい——。

それが本書の最大の目的です。

本書では次のような普遍的な理論を「サッカーの真理」と定義づけ、それらを中心に講義を進めていきます。

・正対理論
・ポイント論
・サイドバックは低い位置で張ってはいけない
・アピアリング
・ファジーゾーン
・トゥヘルシステム
・プレパレーションパス
・同サイド圧縮

冒頭で「ヨーロッパの監督も遅れている」と書いたように、これらをすべてできている監督は世界でもかなり限られています。

たとえば「サイドバックは低い位置で張ってはいけない」を5大リーグで実践

しているのは、ペップ・グアルディオラ、ミケル・アルテタ、トーマス・トゥヘル、ユリアン・ナーゲルスマン、ロベルト・デ・ゼルビ、ヴァンサン・コンパニ、シャビ・アロンソなど僕が知る限りかなり少数です。しかし、この監督たちが結果や一定の成果を残していることは紛れもない事実です。

なぜサイドバックは低い位置で張ってはいけないのか？

これについては講義2で書きたいと思いますが、ざっくり言うと「手詰まりになりやすいから」です。

サイドの低い位置は相手から離れていてパス自体は受けやすいのですが、そこから相手が追い込んでくるんですね。近くにいる味方は相手を背負った状態になり、まんまと相手のプレスにはめられてしまいます。

そうならないためのポジショニングが「ハーフフロントに立つ」。その方法論は講義2でしっかり説明したいと思います。

僕がサッカーの分析にはまったきっかけは、2009年のUEFAチャンピオンズリーグ（以降、ＣＬ）決勝、バルセロナ対マンチェスター・ユナイテッド（2対0）でした。

「いかにもスター」というルックスのクリスティアーノ・ロナウドやファーディナンド、ルーニーを、身長がそれほど高くないシャビ、イニエスタ、メッシが圧倒した試合です。それまで僕の中でサッカーの試合というのは流れが両チームを行き来するイメージがあったのですが、この試合は完全にバルサが支配していました。

なぜ、あのユナイテッドがボールにほとんど触れられなかったのか？

疑問に思って試合を見返し、あらためていろいろな本を読んだところ、「選手の配置」や「正対理論」といった戦術を知ったんです。そこから一気にサッカーの研究にのめり込みました。多いときでは1週間に約20試合、90分間フルで分析していました。

そして試合を見ているだけではわからないことがあると思い、オンラインサロンで立ち上げたチーム「ＦＣシュワーボ」（現シュワーボ東京）で監督を務め、ピッチの上で「どんな原則が機能するか」を徹底的に追究しました。

すると「ボールホルダーが相手に正対していなかったからパスの出し先が読まれたんだ」、「サイドバックが張っていたからはめられたんだ」といったことが見えてきたんです。

その視点をもとにプロのサッカーの試合を見ると、高いパフォーマンスを発揮しているチームの共通点がはっきりと浮かび上がってきました。

そういう普遍性をまとめたものが本書になります。


ヨーロッパの真似をする必要はありません。

オープンマインドで分析とトライ&エラーを実行しながら、いい意味でガラパゴス化してそこに日本人の特性を乗せられたら、世界一のサッカーが生まれると確信しています。

Leo the football

目次

2章 守備編

3章 応用編

1章

攻撃編

講義1　ポジショナルプレー×正対理論

◎ここ数年、日本サッカー界で最も流行した戦術用語は「ポジショナルプレー」ではないだろうか。選手の立ち位置によって攻撃で優位に立つという考え方で、Jリーグでも「5レーン」という言葉をよく耳にするようになった。

◎だが、はたして日本に伝わっているそれらは正しい理論なのだろうか？　本講義では誤った認識を指摘し、ポジショナルプレーを成立させるために不可欠な「正対理論」を説明する。

ポジショナルプレーの最適解

「ポジショナルプレー」を語るうえで、まずはペップ・グアルディオラの書籍『ペップ・グアルディオラ　キミにすべてを語ろう』（著マルティ・パラルナウ／東邦出版）の中に出てくる説明を紹介したいと思います。

【ポジショナルプレー（ポジションプレー）】

選手が動きながら的確なポジションを保ってパスを循環させることで相手チームの秩序を壊し、自チームの攻撃の態勢を整え、ゴールを狙うサッカーの1つのスタイル。またボールを奪われた後、素早く激しいプレッシャーでボール奪還を可能にするのも特徴。グアルディオラのサッカーに象徴される。対極にあるのがゴール前を守ってカウンターを仕掛けるスタイル。（『ペップ・グアルディオラ キミにすべてを語ろう』より）

ようはポジションを考えてボール循環させられたら相手の守備組織を破壊でき、逆に失ったときには守備にすぐ移行できる、っていうことですよね。

その後、日本で「ポジショナルプレー」が広まっていく中で、「質的優位」、「数的優位」、「位置的優位」という枝葉もついてきましたが、本講義では幹となる「ポジションをどう取るか」についてのみ考えたいと思います。

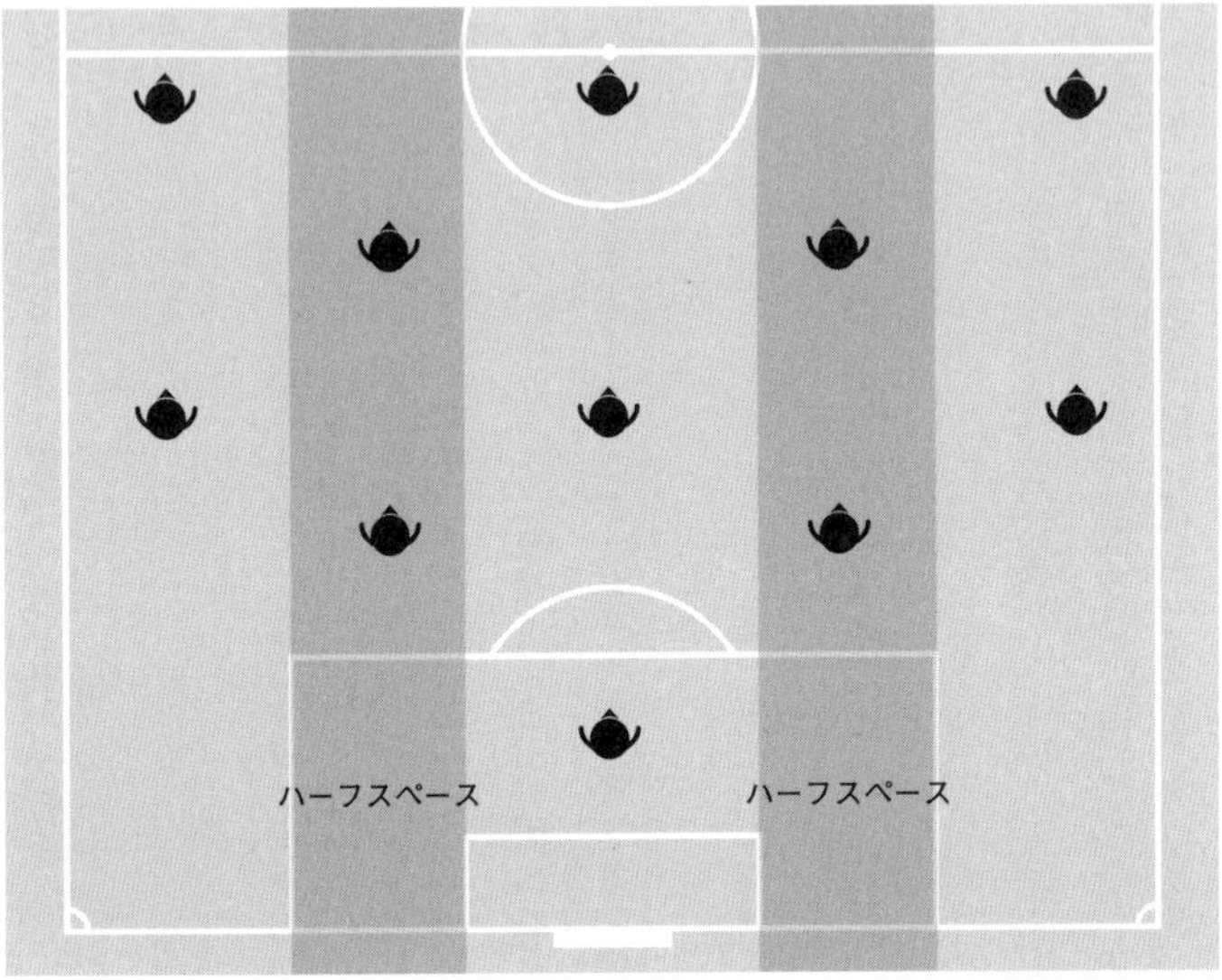

はめられやすい「5レーン理論」

日本においてポジショナルプレーを語るうえで欠かせないのは「5レーン理論」（上図）でしょう。

ピッチを縦に5分割して、攻撃のときに

・1列前の選手と同じレーンにいてはいけない
・1列前の選手の隣のレーンにいるべき

という理論です。このルールを実行

すれば、ピッチのいたるところに三角形をつくることができ、前線で5つのレーンを効果的に占有できる……という触れ込みです。

中央のレーンと大外のレーンにはさまれた「ハーフスペース」という用語は、地上波の実況でも聞くくらいポピュラーになりましたよね。


でも、実際に実践した方ならわかると思うんですが、忠実にやろうとするとけっこう不都合が起きる理論になっています。僕も監督を務めるシュワーボ東京で取り入れてみたところ、うまくいかないことが多々ありました。

なぜ「5レーン理論」をやろうとすると問題が起きるのか？

それを解き明かすヒントが、ペップ本の中にあります。「5レーン理論」についてこんなくだりが出てきます。


4本のラインが引いてある第1ピッチまで私たちを案内してプレーのコンセプトを語り始めた。それも、ここで正確に再現するのは不可能なほど、とてつもない集中力で一人芝居を交えながら、約20分間にわたり説明してくれた。

選手たちが白い4本のラインを越えて、5分割したピッチを移動しながら補い合うのがよくわかる、見事な授業だった。しかし、ペップのジェスチャー付きの説明は竜巻のようで、詳細までを理解するのが難しい箇所もあった。

「ピッチを5分割した5つのレーン状のエリアを認識させて、トレーニングしている。基本的に同じサイドのウイングとサイドバックは絶対に同じレーンにいてはいけない。同じサイドのサイドバックとウイングは、センターバックのポジションによって外側か内側のレーンにいる。理想的なのはセンターバックが広がったときは、サイドバックは内、ウイングは外だ。

〈中略〉

サイドバックが内に入れば、敵のウイングを引きつけることができる。その敵のウイングがサイドバックについてこなかったら、私たちはピッチ中央にフリーマンを持つことになる。もし、敵のメディオセントロがカバーに入りサイドバックの対応をしたら、今度は私たちのインテリオールがフリーマンだ」（『ペップ・グアルディオラ キミにすべてを語ろう』より）

要約すると、

・サイドバックが中に入って相手ウイングがついてきたら、外へのパスコースが開く

・もし相手ウイングがついてこなかったら、今度は中へのコースが開く

ということです。

相手がズレたときに誰がフリーマンなのかを認識しろ、ってことですね。ただ、先ほど言ったように、これをそのままやろうとすると不都合が起きてくるんですよ。

結論から言うと、現代サッカーにおける守備戦術のアップデートによって、「5レーン理論」にとらわれると逆にはめられやすくなるんです。

守備戦術のアップデートとは、「プレス戦術の進化」です。

ペップの名将としての地位を揺るぎないものにしたのは、2011年のマンチェスター・ユナイテッドとのCL決勝だったと思います（バルサが3対1で勝利）。あの試合、ユナイテッドは守備のときに4－4－2でブロックを組んでいました。ペップはその相手に対してどこにポジションをとってどこにボールを送り込めばいいかを選手たちに示し、選手たちがそれをオートマティックに実行したため、ユナイテッドはプレスのはめどころを見つけられませんでした。そしてバルサの攻撃時には常にフリーマンが生まれていました。

しかしペップという攻撃の革命児の存在が、逆に守備の進化を促します。対抗するかのように、新たな守備戦術が表舞台に姿を現したのです。

その代表格が「同サイド圧縮」。どちらかのサイドへボールを追い込み、同サイドでマンツーマンに近い形でプレスをかけるという守備法です。遠いサイドのマークは捨て、ボールサイドに守備者を集中させるんです。

現代サッカーにおいてものすごく大事な戦術なので、詳しくは「講義13」で説明しますね。

この守備戦術の普及によって「5レーン理論」は過去のものになります。すでにペップがバルサやバイエルンを率いていた当時から、この兆候が現れていました。

ビエルサ率いるアスレティック・ビルバオのマンツーマンディフェンスに苦しめられたり、クロップ率いるドルトムントの高い位置からの激しいプレスに手こずったりしていました。

「5レーン理論」というのは、基本的にゾーン相手の攻略法なんですよ。ブロックをつくってゾーンで守る相手には機能するんですが、マンマークや同サイド圧縮を使いこなす相手には苦戦します。

なぜ「5レーン理論」だと、同サイド圧縮を回避できないのか。理由は大きく3つあります。

1つ目は、フリーマンを簡単につくれないということ。

同サイド圧縮では相手が遠いサイドのマークを捨て、ボールサイドでマンマーク气味についてくるので、もはや内側に入ったサイドバックも、インサイドハーフも、ウイングも簡単にはフリーになれません。

相手が「コースカットプレス」（パスコースを消しながらかけるプレス。守備者1人で攻撃者2人を無効化できる）をうまくやってきたら、なおさらフリーマンをつくるのは難しくなります。


2つ目は、相手の立ち位置を考慮していないということ。

サッカーでは言うまでもなく相手が動くので、「人基準」で考えるべき。「場所基準」の理論には限界があります。

たとえば「サイドチェンジしている間に、逆サイドのハーフスペースに立て！」と言っても、相手が素早くスライドしたら簡単にマークされますよね。

本当に機能する理論にするには、「人基準」で場所を定義すべきです。それは「講義2」で詳しく触れましょう。


3つ目は、体の向きを考慮していないということ。

「5レーン理論」の説明のとき、図の中で人を表す丸はたいていい真正面を向いたイメージで語られていますよね。相手ゴールを向いているので、問題ないように思われるかもしれません。

しかし、これが大問題なんです。

パスコースをつくるには、体の向きがめちゃくちゃ重要です。特にボール保持者の体の向き。体の向きまで考慮しないと、立ち位置は決まりません。

おそらくペップはそんなことは百も承知で、世に広まっている「5レーン」はペップの思考の一部でしかないはずです。

実際、ペップ本の著者のスペイン人ジャーナリストは「詳細まで理解するのが難しい箇所もあった」と正直に書いています。僕たちは説明されていない「行間」を想像しないといけません。

では、体の向きをどうつくればいいのか？

その問いに答えを出してくれるのが「正対理論」です。

「正対理論」と「Y字のポイント」

▼正対理論
ボールを持っている選手が、ターゲットとなる相手に対してへそを向けて正対すると左右両方にパスを出しやすく、もしくはドリブルで抜きやすくなるという理論。

たとえば敵が目の前にいたとしましょう。ボールを取られるのを怖がって右方向を向いて半身になったら、右にはパスを出せるものの、左にパスを出すのは難しくなりますよね。無理やり左に出しても相手にブロックされてしまいます。

問題はそれだけではありません。

右に出せるとは言っても、そちらにしか出せないので相手にバレバレです。相手チームは事前にプレーを読み、パスを出した瞬間に一気に詰めにくるでしょう。

一方、半身にならず、相手に正対すると、左と右の両方にパスを出すことができる。僕はこの状態を「相手に二択を迫る」と呼んでいます。どちらに出すか読みづらいので、相手チームの反応を遅らせられます。

▼正対するメリット
・正対する相手に二択を迫れる。
・相手チームにプレーを読ませない。

この「正対理論」の申し子と言えるのがアンドレス・イニエスタです。

ファーストトラップで相手に正対し、ボールを持ち出すときもスペースへ運ぶのではなく、相手に向かっていくことを基本にしています。

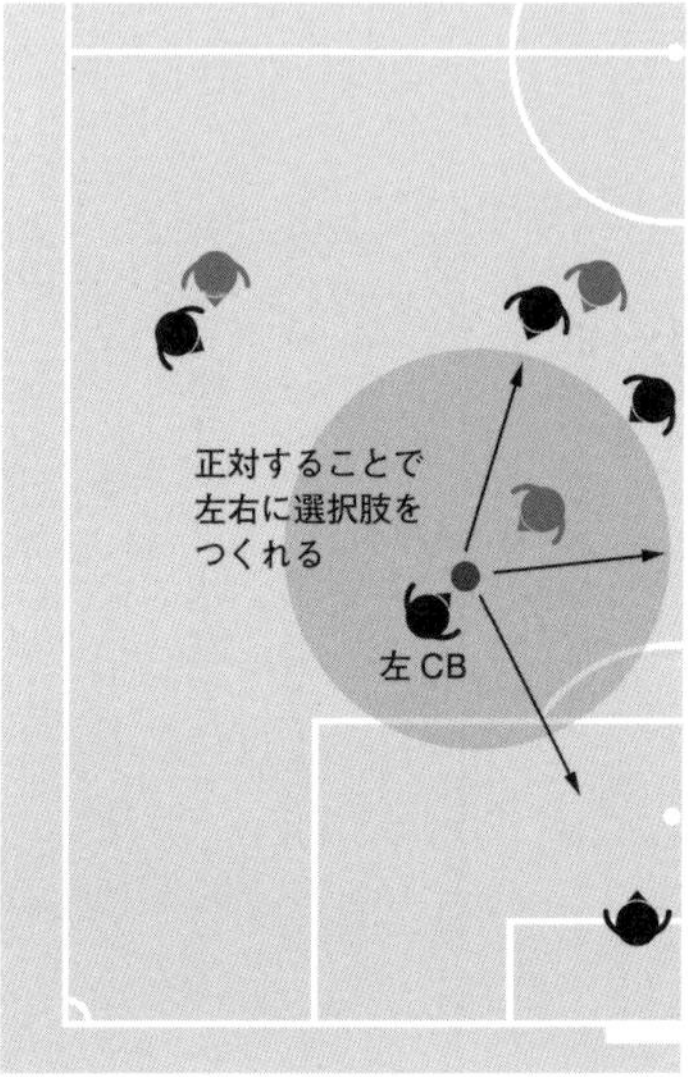
正対することで
左右に選択肢を
つくれる
左 CB

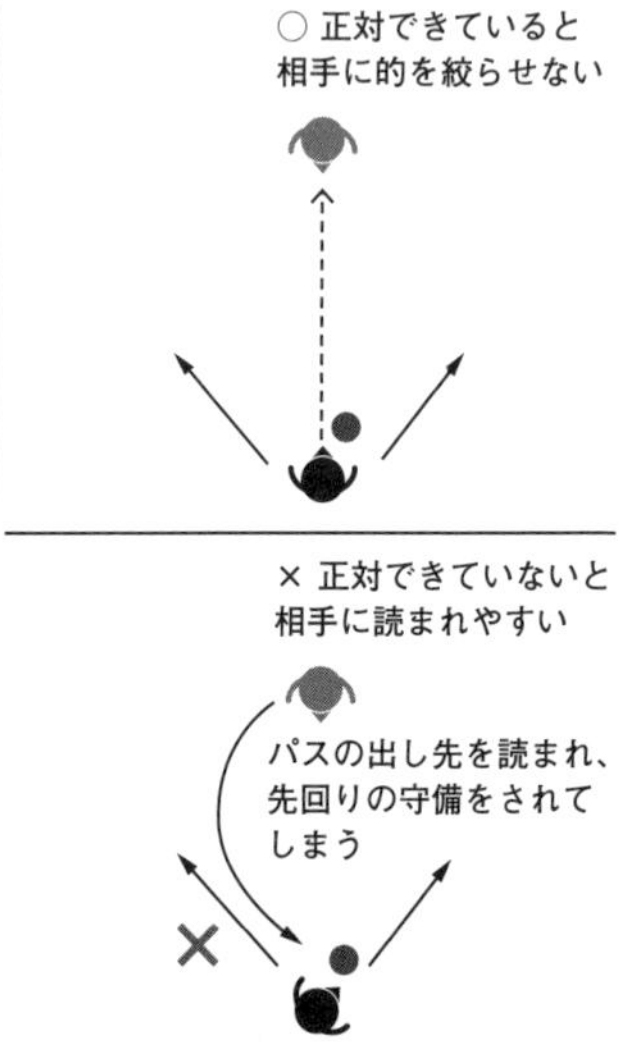
○ 正対できていると
相手に的を絞らせない
× 正対できていないと
相手に読まれやすい
パスの出し先を読まれ、
先回りの守備をされて
しまう
×

もし、スペースに逃げるようにボールを運ぶと、方向が限定され、最終的に追い込まれてしまいます。それに対してイニエスタのように正対してボールを持つと、左右両方に行けるので相手は簡単に飛び込めません。全盛期のイニエスタは密集地帯でも正対を繰り返し、すいすい抜くことができました。

「正対理論」の有効性をイメージしてもらうために、左センターバックがボールを持ったシーンを想像してみましょう（上左図）。前方にいる選手たちはマークされているとします。

そのとき左センターバックの右斜め

前から、敵ＦＷが「同サイド圧縮」をすべく「コースカットプレス」を仕掛けてきたとします。

もし正対しなかったら、左センターバックは前方にボールを持ち出すしかなく、敵ＦＷがどんどん近づいてきて、焦って闇雲に強いパスを出して相手ボールになる……そんな結末になることがほとんどでしょう。

一方、左センターバックが敵ＦＷに体を向け、正対したらどうか？　二択を迫れるので、敵ＦＷを迷わせられます。うまくいけば敵ＦＷは立ち止まるでしょう。もし相手が一か八かで突進してきても、体が右斜めを向いているのでＧＫへバックパスして「同サイド圧縮」を回避することができます。


「正対理論」を初めて日本に紹介したのは、『蹴球計画～スペインサッカーと分析～』というブログだと思います。僕は幸運にもシュワーボに入団したある選手が「正対理論」を実践しており、彼が「レオさんの力でもっと日本に広めてください」と教えてくれたのが知るきっかけでした。

そこから自分なりに「正対理論」を現場で実践しやすいように噛み砕き、ポジショナルプレーの概念とうまく組み合わせられないかと考えるようになりました。ボール保持者が味方ではなく相手に体（へそ）を向けたら、パスの受け手が立つべきポイントも変わると思ったんです。

その結果行き着いたのが「Y字のポイント」という概念です。

▼Y字のポイント
ボール保持者と相手を線で結び、それを縦線として「Yの字」をつくる位置に2人の受け手が立つ。

「Y字」の立ち位置は相手と距離が近すぎると角度がないためパスが通りにくく、パスが通った後もプレスを受けやすくなります。相手のプレッシャーから遠く、かつボールホルダーからパスが出しやすい位置が最適なポジションです。

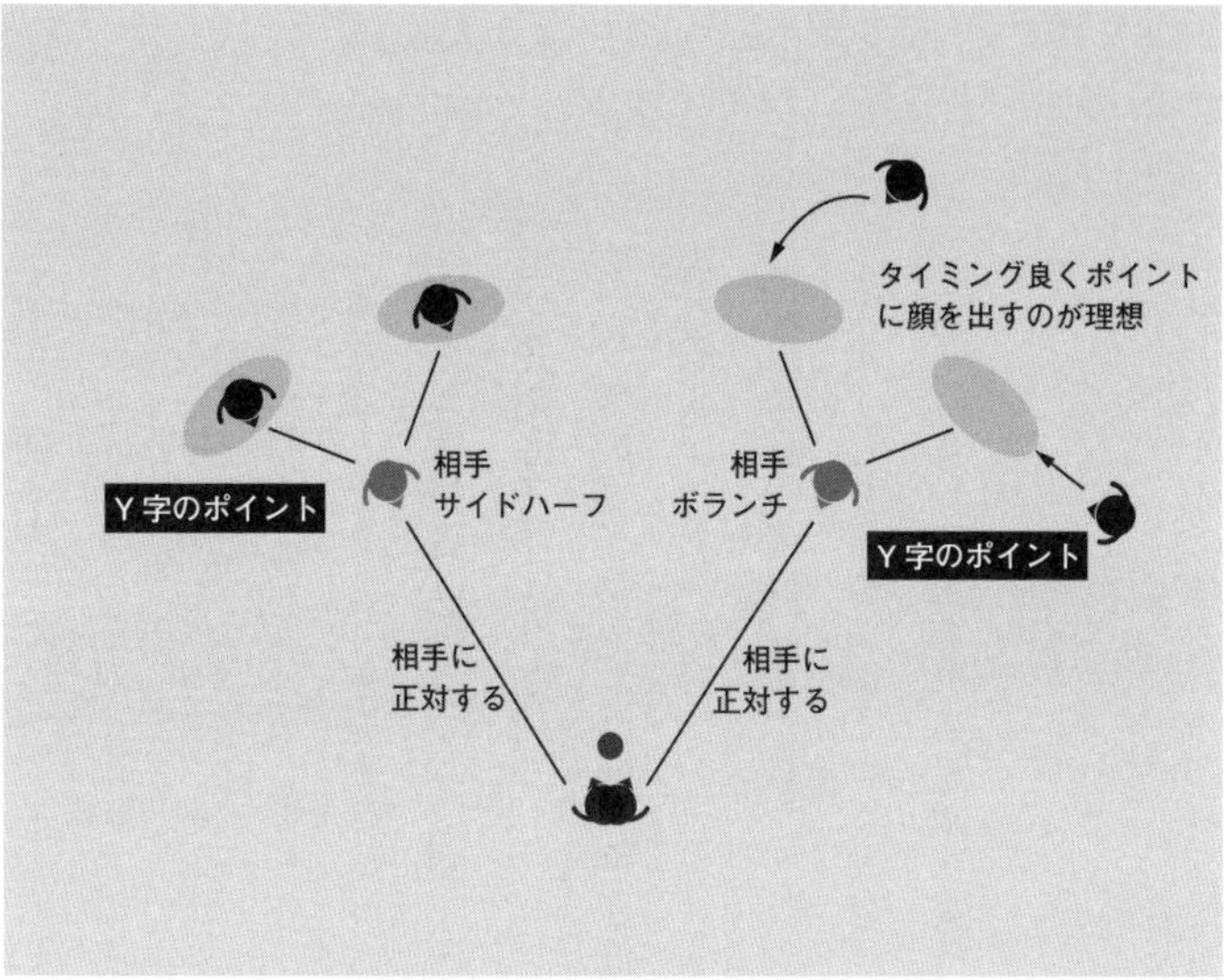

ボール保持者が右斜め前の相手ボランチに正対したら、相手ボランチの両脇の「Y字」が受けどころになります。左斜め前の相手サイドハーフに正対したら、相手サイドハーフの両脇の「Y字」が受けどころです。

より正確に言うと、「Y字のポイント」に受け手が最初から立っているとマークにつかれる可能性があるので、タイミング良くポイントに顔を出すのが理想です（囮《おとり》になる場合はあらかじめ立っていてもいい）。このパスコースにタイミング良く現れることを、僕はポジショニングと区別して「アピアリング」と呼んでいます。これについては「講義3」で詳しく説明します。ボールホルダーの正対→Y字へのアピアリングを駆使し、プレーの判断を正確に行うことで、ポゼッションとボールの前進が実行しやすくなります。

大事なことなので、もう1度整理しましょう。

⑴ボール保持者は敵ゴールに顔を向けるのではなく、ターゲットとなる相手に対して正対してボールを持つ。

⑵「Y字のポイント」に受け手が立つ（もしくは受け手がタイミング良くそこに現れる）。

⑶ボール保持者は「後出しジャンケン」的にマークがついていない受け手にパスを出す。どちらもついている場合は、裏へのパスや迂回のパス、バックパスなど、⑴⑵によって生まれる最適な選択肢を選ぶ。

「5レーン」を表面的に真似しても、体の向きという概念が抜け落ちていると、パスを出した先で潰されるのがオチです。ポジショナルプレーに「正対理論」を掛け合わせて、初めて使える理論になります。

もちろん意識してやっと正対するようなスピード感では、試合では通用しないでしょう。無意識にオートマティックに正対できるようになる必要があります。

バルセロナの下部組織では、子供の頃から「ボールを持ったらへそを相手に向ける」ということを教えられるそうです。

日本も育成のときから「正対理論」に取り組めば、日本サッカーの大きなアドバンテージになることは間違いありません。

まとめ

・守備戦術の進化により、「5レーン理論」は不都合が起きやすくなった。
・ボール保持者が相手に体を向ける「正対理論」はボール保持に不可欠。
・受け手は「Y字のポイント」に立っておく、もしくはタイミング良く現れると、ポゼッションとボールの前進の確率が上昇する。

講義2
サイドバックは低い位置で張ってはいけない

◎日本だけでなく世界的に「ビルドアップのときにサイドバックは広がるべき」というポジショニングが常識になっているだろう。確かにそうするとフリーでパスを受けることはできる。
◎しかし、同サイド圧縮といった守備戦術の進化により、もはやこの常識は常識にしてはいけない。サイドバックがフリーでパスを受けられるものの、そのあとにプレスの標的になりボールを失う場面が多々見られるのだ。
◎「サイドバックは低い位置で張ってはいけない」。それが新常識である。

「人基準」でエリアを定義する

ピッチの上ではボールも人も動くため、「5レーン理論」のように「場所基準」

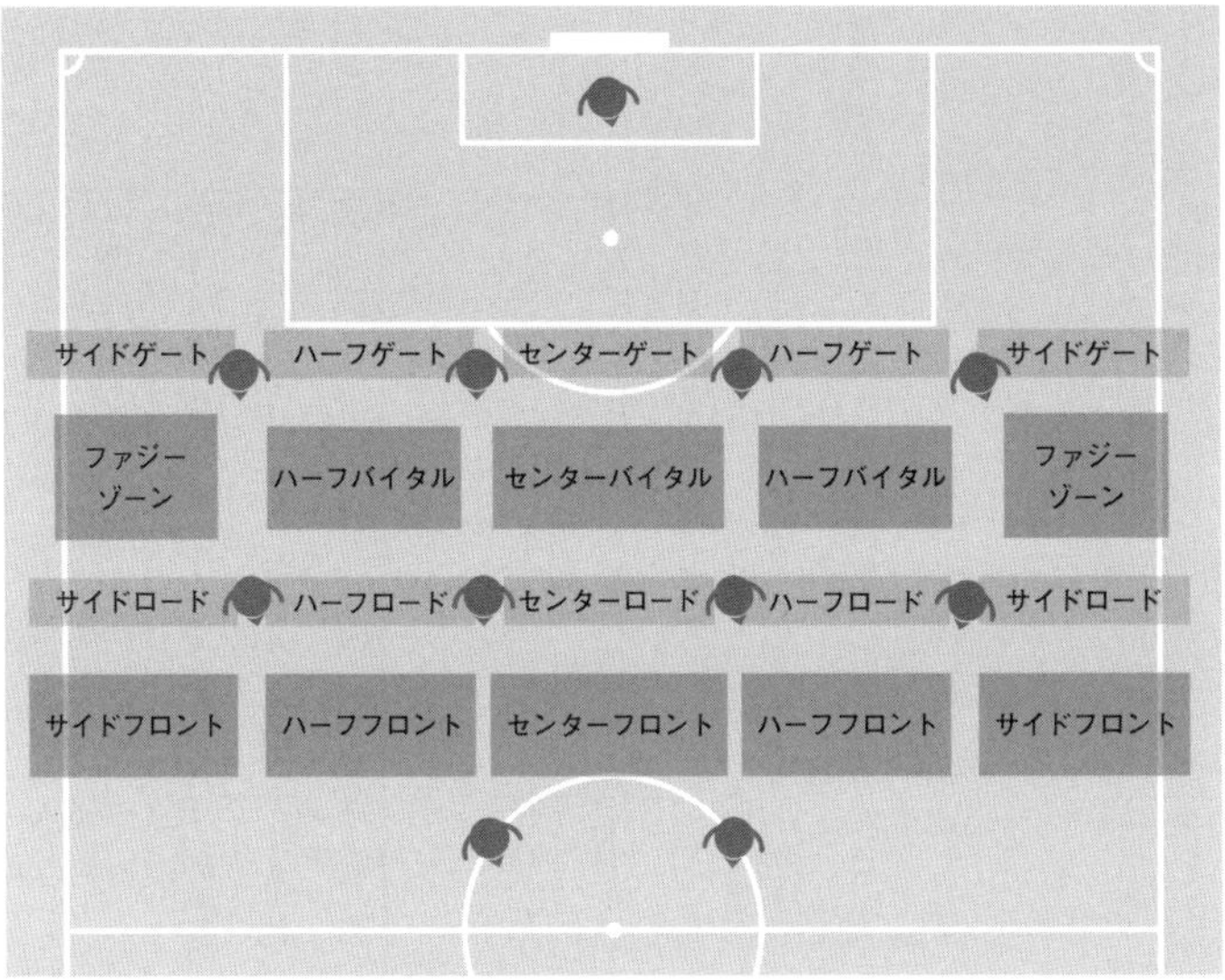

の考え方には限界があることを、前講義で指摘しました。

では、どう定義すべきか？

僕は上の図のように、相手の立ち位置を基準にする「人基準」でエリアを定義しています。

たとえば「ハーフバイタル」は、相手のセンターバック、サイドバック、ボランチ、サイドハーフに囲まれたスペースのことです。人基準のため、「ハーフバイタル」の広さはこの４人が動くごとに伸びたり縮んだりします。

攻撃の際に常に誰かが立っておくべきなのが「ファジーゾーン」です。

▼ファジーゾーン
ボールを受けたときに、相手最終ラインに前向きで仕掛けられる位置
（＝相手サイドバックと相手サイドハーフの中間のスペース）

もしここにウイング（サイドハーフ）がいると相手陣形を横に広げられるだけでなく、相手サイドバックと相手サイドハーフにどちらが対応するかの選択を迫り、迷わすことができます。

こういう定義をしたうえで「サイドバックがボールを受けるべきではないエリア」について話をしたいと思います。みなさんはサイドバックは図（35ページ）の中のどこで受けてはいけないと思いますか？

答えは「サイドフロント」。

サイドバックは低い位置で張ってはいけないんです。そこでボールを受けると、相手のプレスにめちゃくちゃはまりやすいからです。

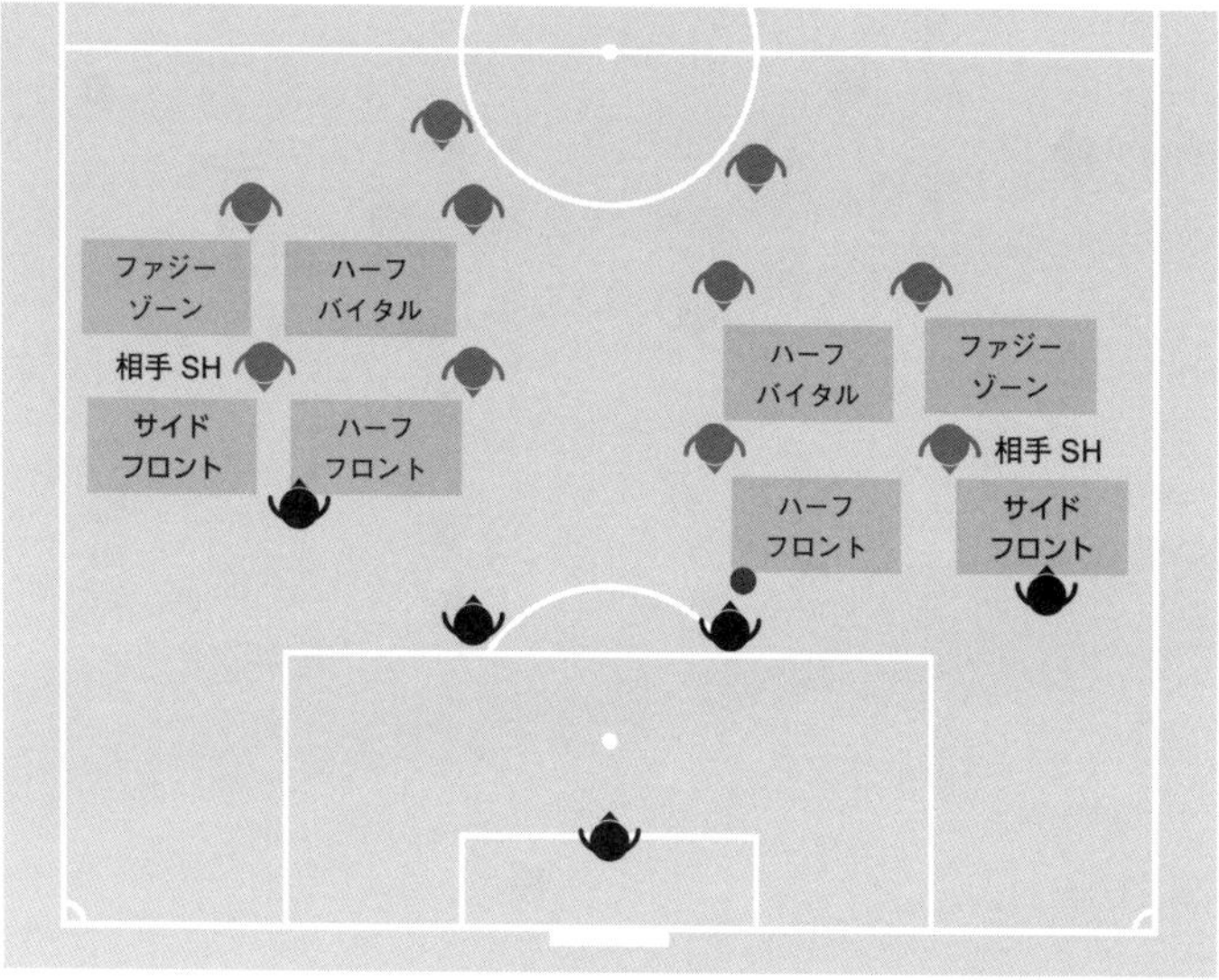

▼サイドフロント
相手サイドハーフの斜め前にあるタッチライン際のエリア

ビルドアップの際、「サイドフロント」は大外にあるため比較的マークが緩いエリアではあります。それゆえにパスを受けやすい場所になっています。しかし、パスを受けたあとに問題が生じます。

もともとタッチラインがあるためピッチを180度方向にしか使えず、相手がプレスをかけてきたらパスコー

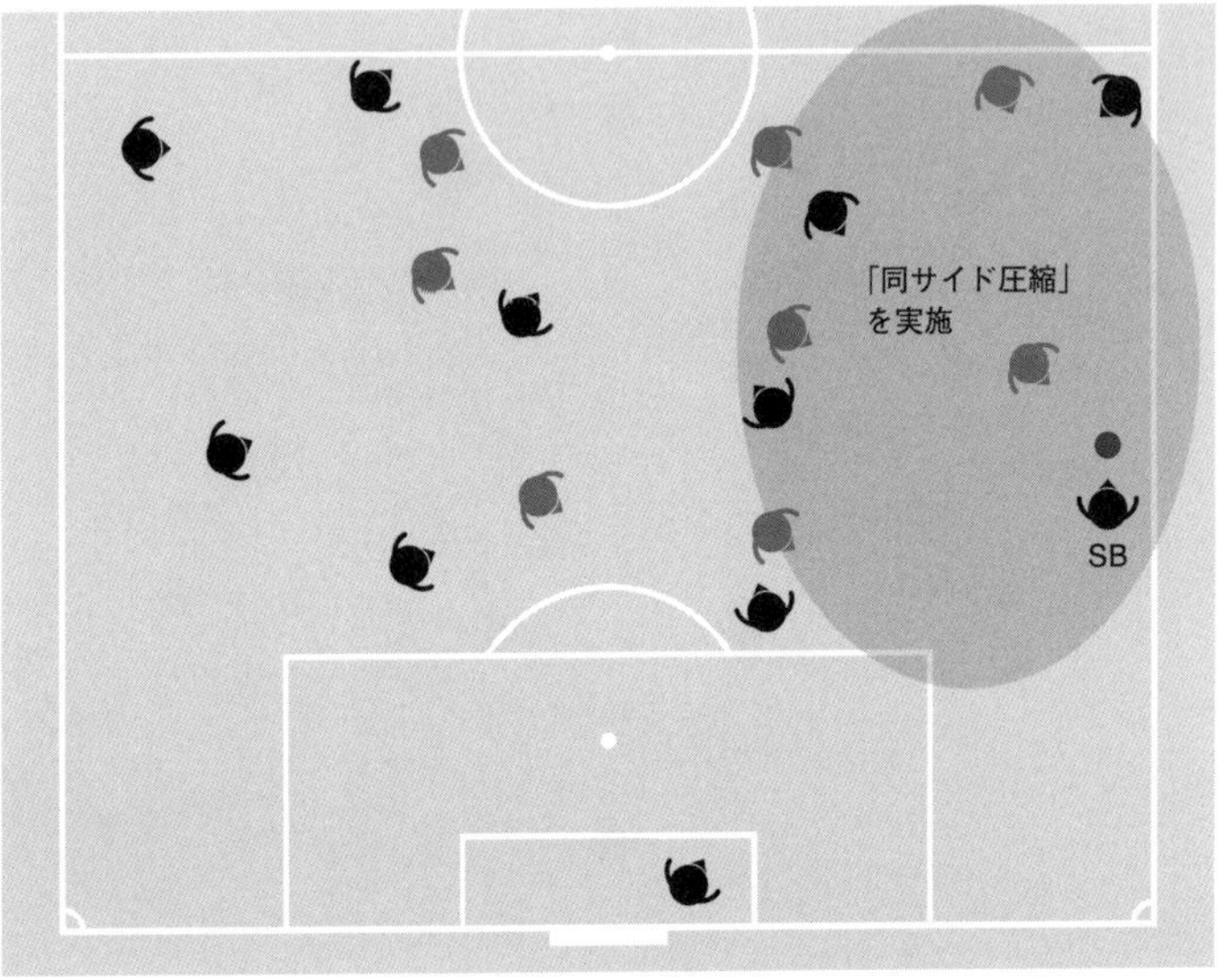

スをさらに限定されるからです。もし相手が「同サイド圧縮」をかけてきたら、パスコースはほぼ消滅します。
上の図にその状況を示しました。
相手が「同サイド圧縮」をかけてバックパスのコースをしっかり消したら、もはやパスコースはないことを見て取れると思います。こうなったらクリアするか、一か八かでドリブルやワンツーを仕掛けるしかありません。

あらためて断言します。
ビルドアップにおいてサイドバックを低い位置で張らせてはいけません。
にもかかわらず、4バックを採用し

ているチームの多くが、いまだにサイドバックを低い位置で張らせていますよね。それが多くのチームがGKからのビルドアップに挑戦しながら、なかなかうまくいかない理由のひとつになっています。

3バックのチームはもともとサイドバックがおらず、「サイドフロント」に立つ人はいないので自動的に解決されることが多いのですが、4バックのチームでは問題になり続けています。

そろそろ誤った古い常識は、あらためられるべきでしょう。

サイドバックの立ち位置の最適解

では、サイドバックはどこに立てばいいのか？

答えは「ハーフフロント」。

もしサイドバックが「ハーフフロント」でボールを持てたら、タッチライン際にいるときとは異なり、内側と外側にパスコースを持つことができます。

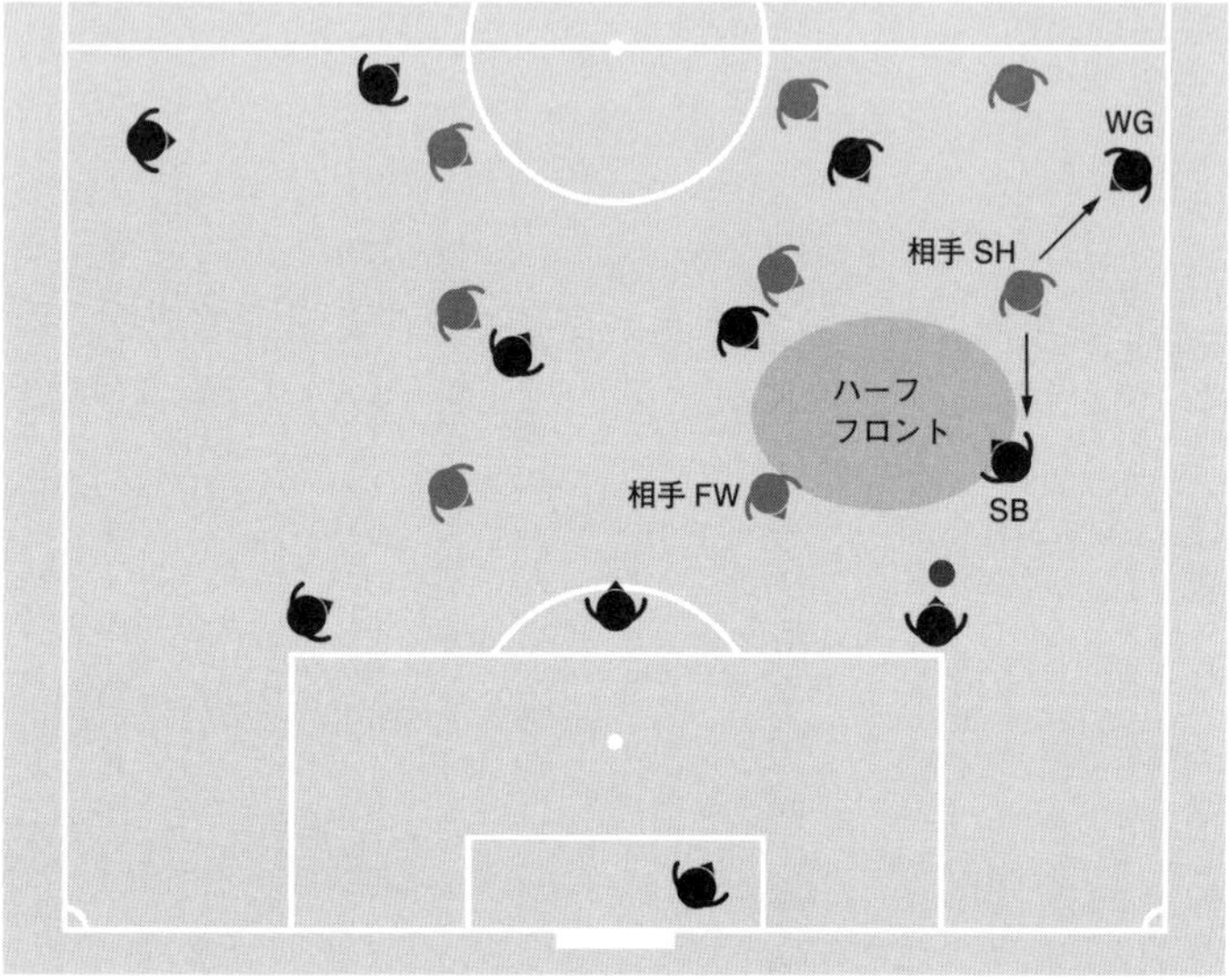

▼ハーフフロント
相手FWの脇のエリア（相手サイドハーフと相手ボランチの間の前方にあるエリア）

メリットをイメージしやすいように、「ハーフフロント」にサイドバックが立った例を上の図に示しました。右センターバックがボールを持ち、前方へのパスをうかがっています。

図を見ると、相手サイドハーフに対して、サイドバックにつくか、ウイングにつくかの二択を迫れていることがわかると思います。

二択の状況をつくれたら、あとは「後出しジャンケン」です。相手の出方に応じて、マークされていない方に出せばパスが通ります。

【選択1】相手サイドハーフがサイドバックについてきたら、センターバックはウイングにパスを通す（1つ飛ばしのパス）

【選択2】相手サイドハーフがウイングについてきたら、センターバックはサイドバックにボールを渡す（サイドバックはそこから内側にくさびのパスを狙える）、相手のプレスがなければセンターバックが運ぶ形もあり

サイドバックが「サイドフロント」に立つと簡単に追い込まれてしまうのに対して、「ハーフフロント」に立つと選択肢が複数あるので相手をコントロールできます。

アーセナルvsバルセロナ(21－22シーズン)

具体的にこれを実行しているのがアルテタ率いるアーセナルと、シャビ率いるバルセロナ（アラウホがサイドバックに起用されない試合）です。

講義を作成したのが21－22シーズンなので、もし現在とやり方が変わっていたらご容赦ください。

アーセナルはビルドアップ時にサイドバックがペナルティーエリアの幅くらいに立ち、「2－3－5」のような陣形になります。

サイドバックが「ハーフフロント」に立ち、ボールを受けたときに外側の斜め前（ウイング）にも、内側の斜め前（インサイドハーフ）にもパスを出せるようになっていることがわかると思います。

アーセナルの特徴はインサイドハーフが高い位置を取り、ウイングをサポートできる構造になっていることです。

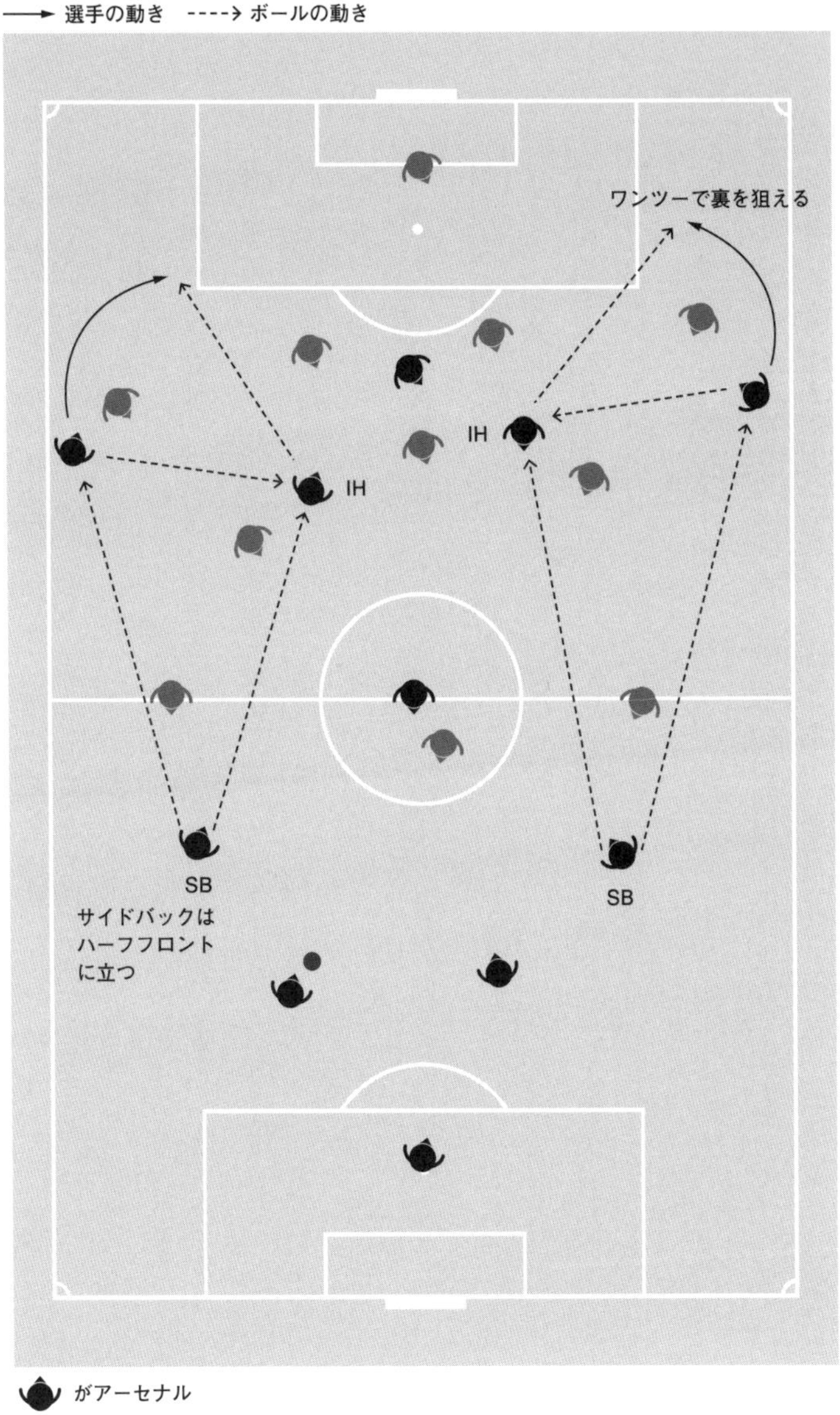

選手の動き
ボールの動き
ワンツーで裏を狙える
IH
IH
SB
SB
サイドバックは
ハーフフロント
に立つ
がアーセナル

たとえばウイングがインサイドハーフにパスを出し、インサイドハーフがダイレクトで落とせば、ワンツーでＤＦラインの裏を狙うなど複数のコンビネーションが可能です。

ただし、インサイドハーフがライン間に静的に立ってパスを待つことが多く、後方からのボール前進をサポートしにくいというデメリットもあります。

一方、バルセロナもサイドバックが「ハーフフロント」に立つのは同じですが、アーセナルと異なるのはサイドバックがペナ幅より少し外側くらいに立つことです。「４－１－３－２」のような陣形です。

アーセナルに比べてサイドバックが外にいるので、ウイングへのパスコースが消されやすくなりますが、その分、インサイドハーフが下がってきてサポートします。

インサイドハーフが上下動するためライン間にスペースが生まれやすいのですが、その割を食うのがウイングです。周囲のサポートが乏しい中、独力でサイドを突破しなければなりません。

→ 選手の動き

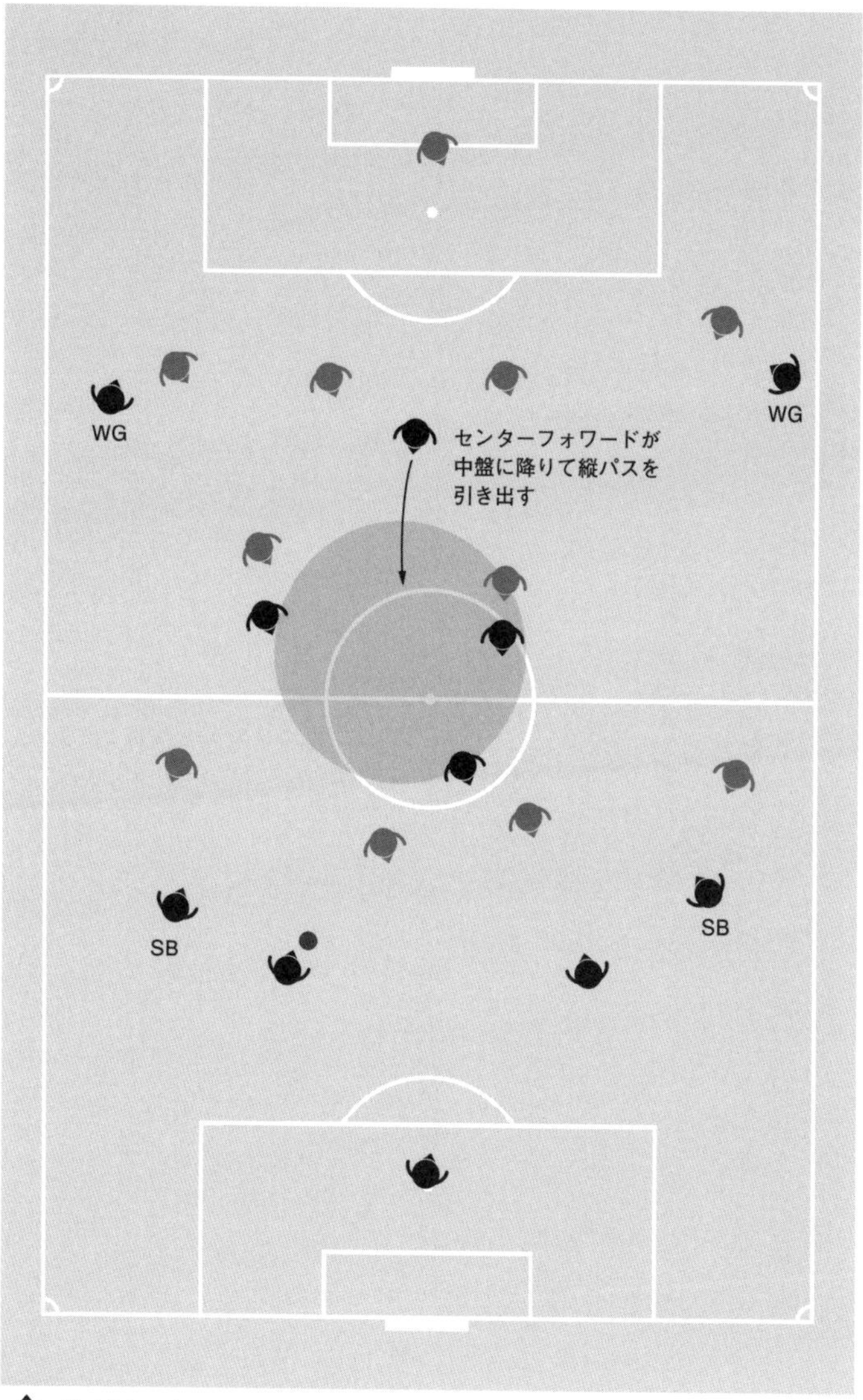
WG
WG
センターフォワードが
中盤に降りて縦パスを
引き出す
SB
SB

がバルセロナ

バルセロナの特徴は、さらにセンターフォワードも中盤に降りて縦パスを受けようとすることです。いわゆる「偽9番」ですね。選手が自由に中央のエリアでポジションを入れ替え、それによってフリーの選手をつくろうとするサッカーです。

いずれにせよアーセナルとバルセロナはサイドバックが「ハーフフロント」に立ってパスの迂回経路をつくり、敵陣へのスムーズな侵入を実現しています。GKを頂点にした逆三角形に近い形になるので、僕は「逆三角形理論」と呼んでいます。

「サイドフロント」でボールを受けたときの解決策

それでもサイドバックが「サイドフロント」でボールを受けざるをえない場面は試合で起こり得ます。

最も多いのは、自陣深くからのスローインです。

スローインというのは相手はあらかじめ「同サイド圧縮」の形をつくれますし、投げ手がピッチ外に出なければならないので初期設定からして数的不利。狭いスペースでロンド（鳥かご）をするようなもので、抜け出すのは簡単ではありません。

解決策としては、一刻でも早くバックパスをすることです。

バックパスを受けたセンターバックがダイレクトでＧＫに戻したり、ＧＫがゴールマウスから離れて迂回経路をつくったりするプレーが必要になります。

チェルシーでトゥヘル時代のＧＫエドゥアール・メンディは、ゴールマウスから離れてバックパスのコースをつくる動きを徹底していました。ランパード時代には見られなかったので、おそらくトゥヘルが厳しく求めていたのでしょう。

ヨーロッパのビッグクラブの中には、サイドバックがタッチライン際でボールを受けても、そこから打開できるチームもあります。

しかしそれは個人の突出したテクニックによる抜け出しや、インサイドハーフやボランチが持ち場を離れてタッチライン際まできてパスを受けるからで、「選手の技術頼みでうまくいった」というケースがほとんどです。

２０２３年現在では、アーセナルがサイドフロントからのパスをファジーゾーンから内側に走るサイドハーフにスルーパス気味に出すパスカットイン（フットサルのアラコルタ）で打開するケースもありますが、限定的かつ技術的要求が高いため、これも個人の突出したテクニックに分類されると思います。

再現性は低く、個人のキープ力やアドリブ力が平均的なチームは真似するべきではないでしょう。

まとめ

・ビルドアップでサイドバックが低い位置で張ってボールを持つと、相手のプレスの餌食《えじき》になりやすい。
・サイドバックはペナ幅くらいまで内側に絞ると、外側と内側の両方にパスコースをつくりやすい。
・GKを頂点に「逆三角形」の陣形をつくると、質に依存したボール運びをしなくて済む。

コラム1　理想的な「正対理論」

↓詳しくは「講義1」

正対の使い手はルイス・フィーゴ、アンドレス・イニエスタ、遠藤保仁など世界中にたくさんいますが、今最も注目すべき存在をあげるならアルゼンチン代表のセンターバック、リサンドロ・マルティネス（マンチェスター・ユナイテッド）です。

リサマルは決して華麗な技術があるわけではないのですが、相手が寄せられなかったり、ぎりぎりのパスを通せたりするのは、ボールを持ったときに近くの相手にへそを向けて正対しているからです。

相手からするとパスをどちらの方向に出すかわからず読めないので、対応が遅れます。すなわち受け手に時間の余裕が生まれます。ユナイテッドの試合を見るときは、ぜひリサマルの正対に注目してみてください。

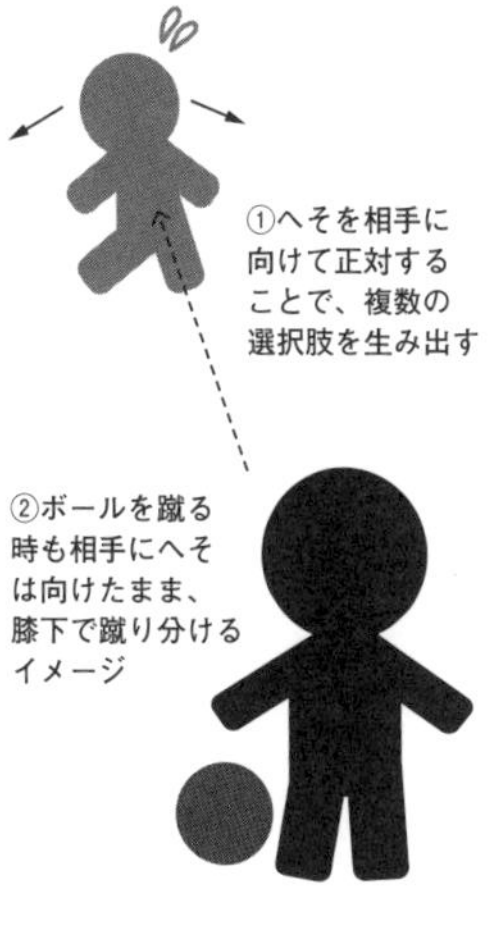
①へそを相手に向けて正対することで、複数の選択肢を生み出す
②ボールを蹴る時も相手にへそは向けたまま、膝下で蹴り分けるイメージ

講義3　チャンスを激増させるWaiting Point論と3つのアピアリング

◎「ライン間でボールを受ければチャンスになる」。誰もが知っている攻撃の真理だろう。だが、どれだけのチームが実現できているのだろう？
◎監督が「ライン間で受けろ！」と指示しても、なかなか戦術ボードでイメージするような現象は起こせない。この問題を解決するのが「Waiting Point論」だ。ボールと受け手の最適な「待ち合わせ方」を解説する。

パスを待つ場所と動き出し

ブロックを築いて守る相手をどう崩すかは攻撃における永遠のテーマでしょう。その議論で欠かせないのが「相手ＤＦラインとＭＦラインの間のスペース」、いわゆる「ライン間」の攻略です。

蹴球学用語で言えば、「センターバイタル」と「ハーフバイタル」ですね（この用語に馴染みがない方は、35ページの図をもう1度見ておいてください！）。

▼フロントエリア
相手のＦＷラインとＭＦラインの間のエリア
（センターフロント＋ハーフフロント＋サイドフロント）

▼バイタルエリア
相手のＤＦラインとＭＦラインの間のエリア
（センターバイタル＋ハーフバイタル）

もしバイタルエリアでパスを受けられたら、技術的なミスが頻発しないかぎり、そのチームは間違いなくチャンスを増やせます。相手ＤＦが食いついてこなければシュートを打ったり、決定的なパスを出せたりするし、逆に食いついてきたら、それによって空いたギャップを他の味方が使えるからです。

ただし、相手はそうはさせまいと待ち構えているので、みなさんご存じの通り、やるのは簡単ではありません。「ライン間に立て！」みたいなアバウトな指示だと、相手ＭＦのプレスバックや相手センターバックの飛び出しに簡単に潰されます。

では、どこに立てばいいのか？

それが「Waiting Point」です。次ページ図のグレー色で示しています。

▼Waiting Point
相手ＭＦの真後ろのエリア

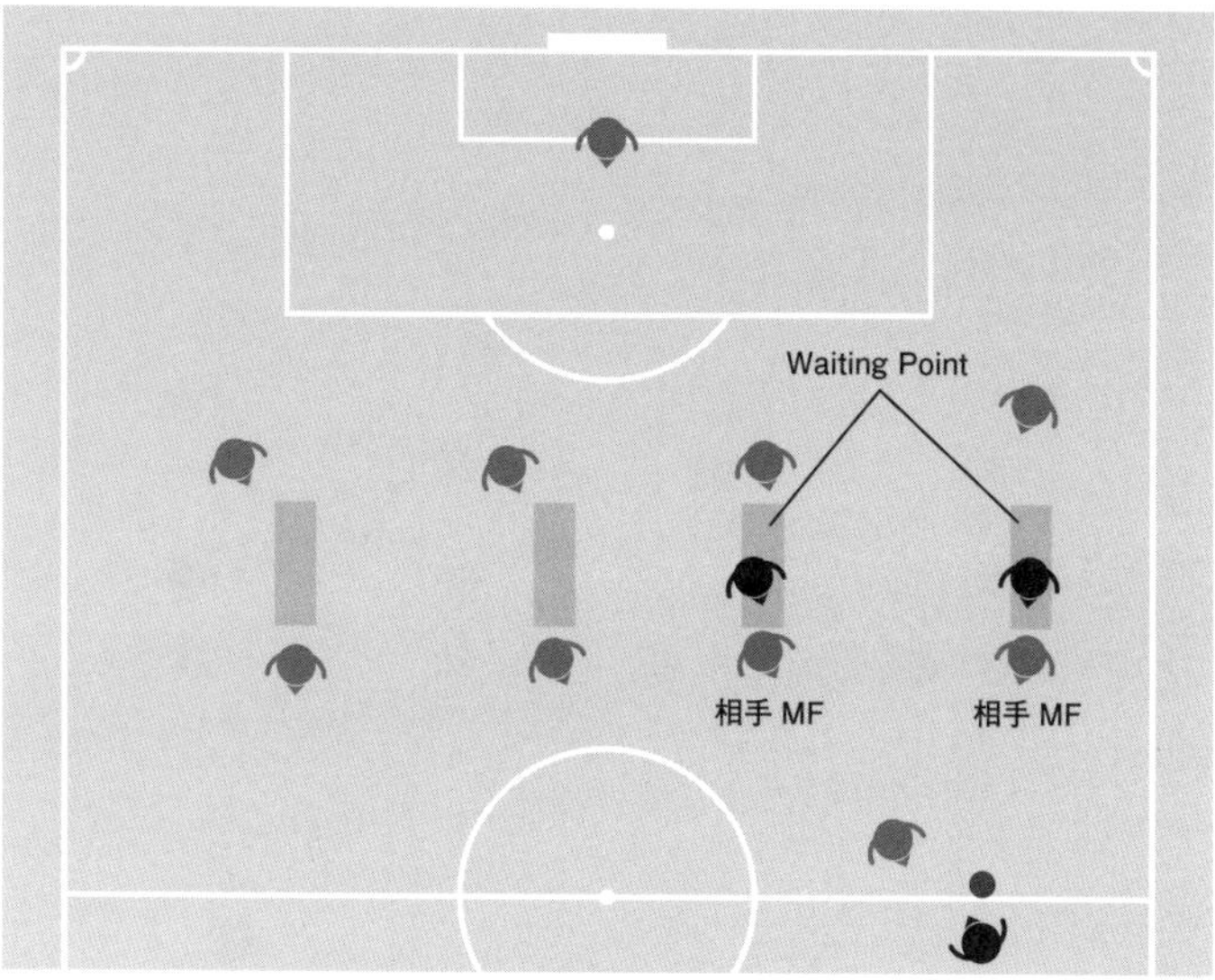

図を見た多くの人が、こんな疑問を抱くのではないでしょうか。

「Waiting Pointにいたら相手の背後に隠れてしまい、パスを受けられないのでは？」

その通り。このままではパスを受けられません。

「Waiting Point」という名前の通り、あくまで「待機」のためのポイント。

ボール保持者がパスを出せるタイミングで、そこから「センターバイタル」や「ハーフバイタル」にひょこっと現れてボールを受けるのです。

僕はこのパスを受けるための動き出しを「アピアリング」と呼んでいます。

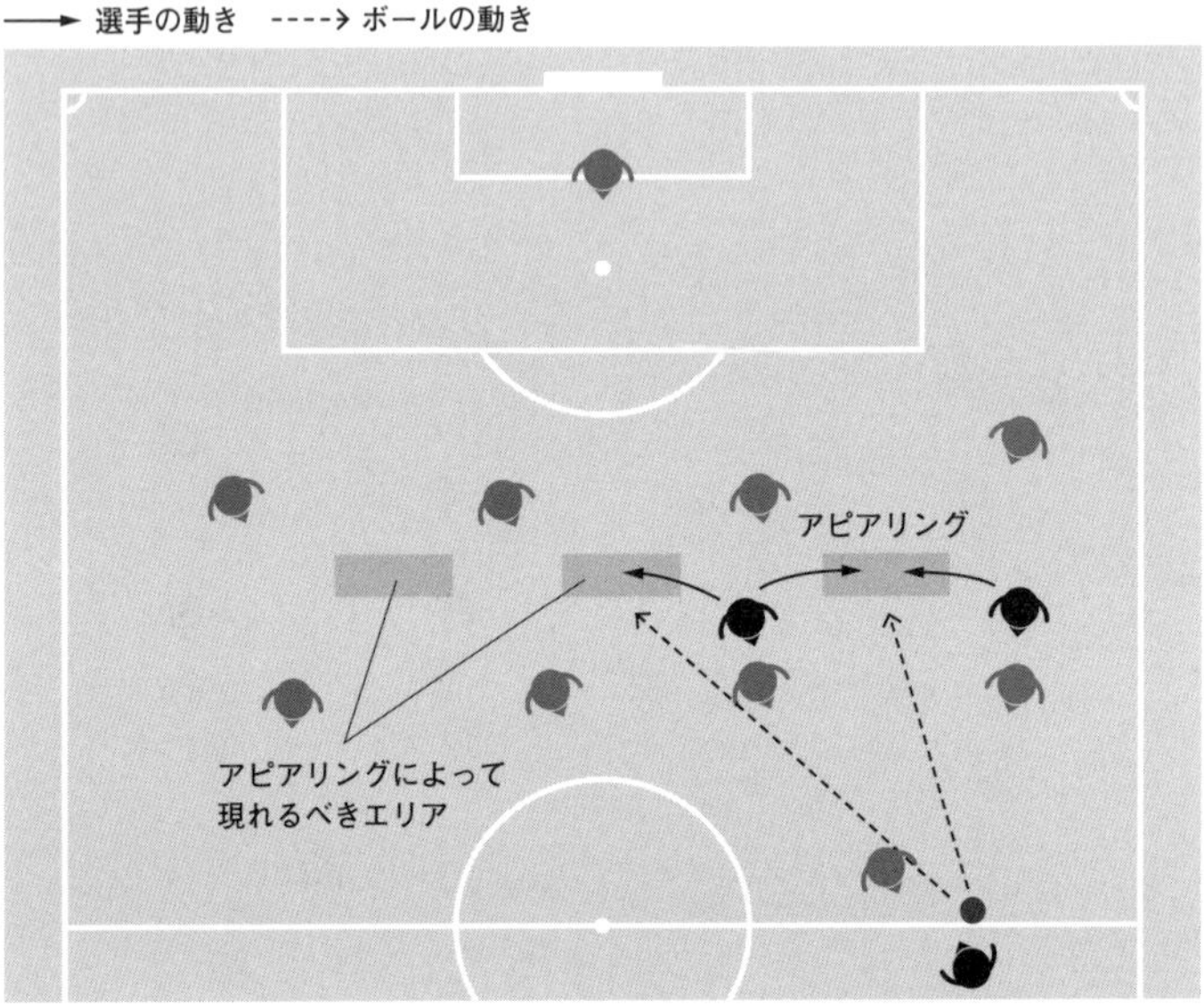

▼アピアリング
ボールを受けるためにパスコースにタイミング良く現れること。

アピアリングのメリットのひとつは、相手が反応しづらいことです。最初からバイタルエリアで待っていたら相手DFも読みやすく、ボールが来た瞬間、出足鋭く奪いにいけます。

一方、相手MFの背後からすっと現れたら、相手DFの反応は遅れるでしょう。

右ページの図に「アピアリングによって現れるべきエリア」をグレーで示しています。

注目してほしいのはグレーの長方形が、本来の「センターバイタル」と「ハーフバイタル」の長方形よりも小さいことです。

たとえば、「センターバイタル」は相手の両センターバックと両ボランチに囲まれたエリアという定義ですが、この図の中でグレーの長方形はそれよりも小さく描かれていますよね。

なぜかと言えば、相手DFに近すぎると、ボールを受けたときにすぐに後ろから当たられてしまい、前を向きづらいからです。

また、逆に相手MFに近すぎると、プレスバックで対応されやすくなってしまいます。

そのため、アピアリングによって現れるべきグレーの長方形は、本来の「センターバイタル」や「ハーフバイタル」より小さくなるのです。

僕が現場で指導するときは、**受け手に対して『Waiting Point』の目安は、相手MFの2、3歩後ろ**と伝えています。そのあたりに立っていると、横にすっと出たときに相手ＤＦの迎撃と相手ＭＦのプレスバックを受けづらい絶妙な位置に現れることができるからです。

ここまで「センターバイタル」や「ハーフバイタル」へ動いてパスを受けるアクション、いわゆる「間受け」について説明してきましたが、「アピアリング」にはそれ以外にも２つのタイプがあります。

▼３つのアピアリング
⑴間受け
⑵死角と助走を意識した裏抜け
⑶バックフロントとフロントバック

大事な動きなので、一つずつ説明していきましょう。

(1)間受け

これについてはすでに説明しましたが、1つ付け加えると、「間受け」には相手の注意を引きつけて囮《おとり》になるという効果もあります。

たとえば「センターバイタル」で受けるのを、相手センターバックが警戒して前めにポジションを取ってきたら、裏へのスペースが大きくなります。

また、相手MFは背中側で受けられるのが気になると、プレスへの出足が鈍り、味方がビルドアップしやすくなります。

「Waiting Point」から現れるだけでチームメイトを助けられるわけです。

(2)死角と助走を意識した裏抜け

3バックの左センターバックがボールを持ち、前線のニアサイド（ボールに近いサイド）とファーサイド（ボールから遠いサイド）にそれぞれ味方FWがいたとしましょう。

まずファーサイドのFWはどう動くべきでしょう?

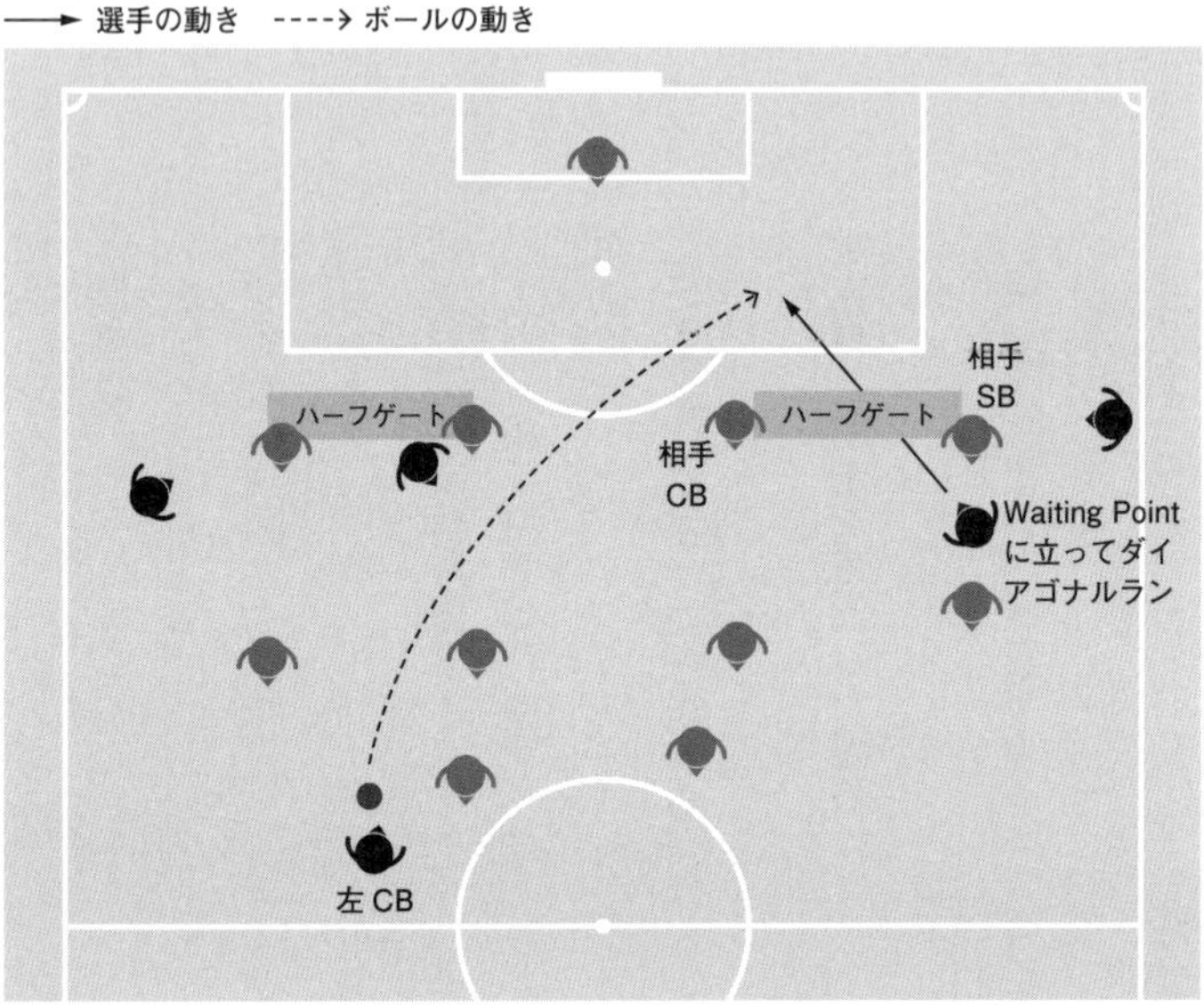

ボールと相手センターバックを同時に視野に収められるので、相手センターバックとサイドバックの間（ハーフゲート）を狙ってダイアゴナルラン（斜めに走る・対角線に走る）を仕掛けやすい位置にいます。

とはいえ、相手ＤＦラインと同じ高さから裏へ抜けようとすると、オフサイドに引っ掛かりやすく、相手ＤＦとよーいドンの純粋なスピード勝負になります。

それに対して、「Waiting Point」に立っておき、そこから相手センターバックの死角を突くように走り込めば、助走をつけてスピードに乗った状態で背後を取れます。こちらが加速した状態での競争になるので、相手ＤＦとの競争においてかなり有利になるでしょう。
これを「ハーフゲート抜け」と呼んでいます。

▼ハーフゲート抜け
（ゴールに顔を向けた状態での）センターバック・サイドバック間への走り込み。

「ハーフゲート抜け」に対してもし相手サイドバックがついてきたら、今度は大外にいるウイングが完全にフリーになります。

このようにファーのＦＷが裏に抜けるときは直線的なスプリントですが、一方、ニアのＦＷは直線的に走るべきではありません。
ニアのＦＷが相手センターバックとサイドバックの間を直線的に走って裏に抜

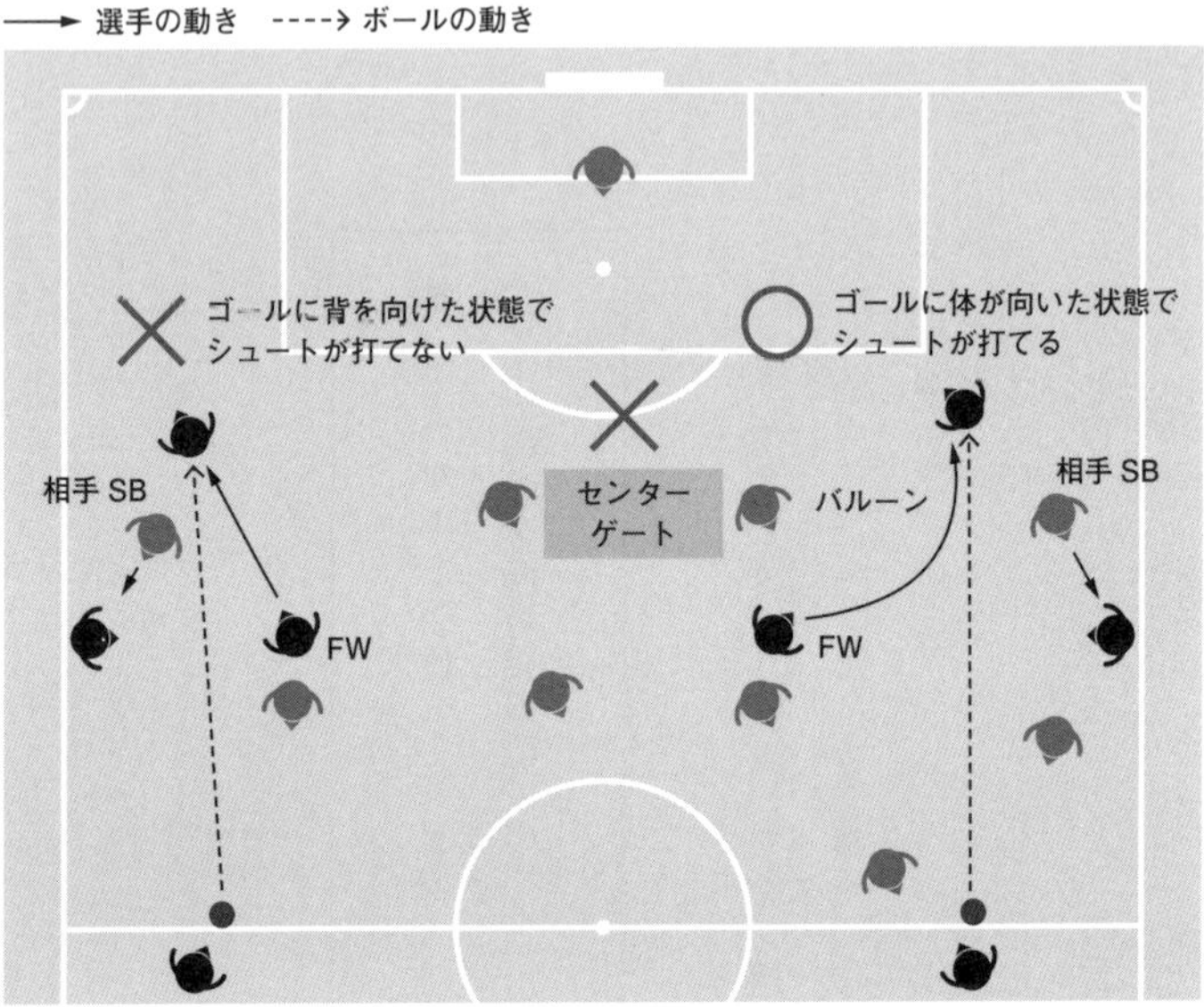

けても、ゴールに背を向けた状態でパスを受けることになり潰されやすく、すぐにシュートは打てないからです。

ちなみに両センターバックの間、すなわち「センターゲート」の間を抜けることはDFラインからのパスにおいて推奨していません。センターバックの視野に収められやすく、「センターゲート」の裏はGKの飛び出しが届きやすいというデメリットもあるからです。

では、ニアサイドのFWはどう動くべきか？

もし相手サイドバックがこちらの「ファジーゾーン」（相手サイドバックと相手サイドハーフの中間のスペース）にいる選手を警戒して、そこへ近づこうとしたときに使えるのが「バルーン」です。

▼バルーン
Waiting Pointから弧を描くように膨らみ、裏へ抜け出す動き。

右ページの図の右側に「バルーン」の動きを矢印で示しました。

相手ボランチやサイドハーフの背後の「Waiting Point」からスタートして、「ファジーゾーン」の味方に近づこうとした相手サイドバックの死角を通って裏に抜けています。もしパスを受けられたら、ゴールに体が向いているのでそのままシュートを打てます。

ファーのＦＷは助走をつけて直線的に相手センターバックの死角（裏）を突く。
ニアのＦＷはバルーンの動きで相手サイドバックの死角（裏）を突く。
どちらの裏抜けも「助走」と「死角」が鍵です。

「Waiting Point」に立つと自ずとＤＦラインから距離ができ、助走がつけやすくなっています。

(3) バックフロントとフロントバック

これは主にウイング（またはサイドハーフやウイングバック、高い位置をとったサイドバックなど、相手のＤＦラインのサイドの選手と対峙《じ》する選手）の役割です。
「講義２」において、ウイングは攻撃でどこに立つべきかを話したのを覚えていますか？

ウイングは相手の陣形を広げ、なおかつ誰が対応するかを惑わすために「ファジーゾーン」に立つべきです。

ウイングが「ファジーゾーン」に立ち、パスを待っていたとしましょう。バックフロントとフロントバックとは、次のような動きのことです。

▼バックフロント
ウイングが裏へ飛び出すフリをして、相手が下がったら手前に戻ってきて足元で受ける動き。相手の背中から前へ出るので「バックフロント」。

▼フロントバック
ウイングが足元でパスを受けるフリをし、相手が食いついてきたら裏へ飛び出す動き。相手の前から背中へ出るので「フロントバック」。

ここまで相手の布陣が4－4－2の場合について話してきましたが、アンカーがいる4－3－3になっても基本的な考えは変わりません。

4－4－2のダブルボランチが縦関係になったようなものなので、状況に応じてアンカーの背後に立ったり、インサイドハーフの背後に立ったりすればいいのです。

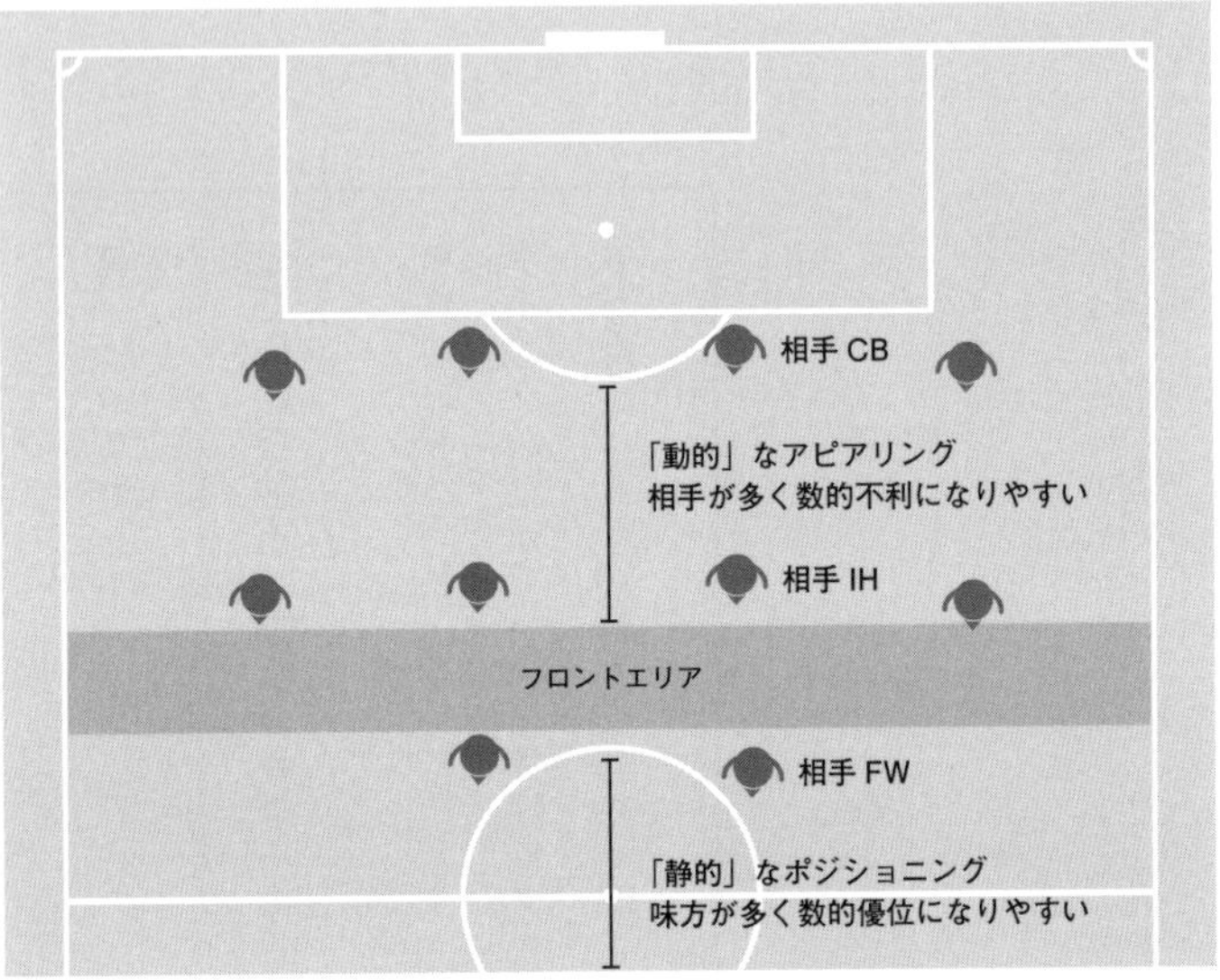

アピアリングの実践

こういう理論を踏まえたうえで、実際に攻撃の過程でアピアリングをどう使うかを見ていきましょう。

サッカーの攻撃における「パス受けの方法」は、フロントエリアより手前で受けるときと、フロントエリアより奥で受けるときでは考え方が大きく変わります。

結論から言えば、フロントエリアより手前のときは「ポジショニング」、奥のときは「アピアリング」が基本になります。

▼フロントエリアより手前
「静的」なポジショニングによってパスを受ける。
▼フロントエリアより奥
「動的」なアピアリングによってパスを受ける。

フロントエリアより手前というのは、基本的に自分たちの人数が多いエリアです。たとえ相手がマンツーマンできても、GKを入れたら必ず数的優位になります。

数的優位の状況で大事なのは、GKを含めて正しい位置に立つこと。そうすれば必ずパスコースが生まれ、相手の動きを見て選択を変える「後出しジャンケン」が可能になります。逆に言えば無駄に動き回って配置を崩すのではなく、しっかり立ち位置を取るべきということです。

その正しい位置とはどこか？

そう、正対理論から導き出される「Y字のポイント」です（「講義1」参照）。噛み砕いて言うと、ボール保持者が正対した相手の斜め後ろですね。

こういう正しいポイントで立ち止まった状態でパスを受けることを、「ポジショニング」と呼んでいます。

相手側の視点に立つと、フロントエリアでの守備はDFラインを乱さなくて済み、奪ったら高確率でシュートまで行けるのでプレスがとても激しくなります。

そのため、技術に相当な自信のある選手でも、フロントエリア手前でのアピアリングによるポゼッションは、タイミングを間違えればボールを失うのでかなりリスクの高いビルドアップになります。見栄えは良いですが、選手個人の技術への依存度が高く、合理的と言えるほど仕上げられているチームはほぼありません。

一方、フロントエリアより奥では状況が一変します。攻撃側が人数を掛けていても、ボールが入れば中盤のプレスバックがあるので相手が数的優位になりやすいです。

もはや立ち止まったままの「ポジショニング」では、パスコースを防がれたりインターセプトを狙われやすくなったりしてしまいます。

ここで必要なのが本講義のテーマである**「Waiting PointからY字のポイントへのアピアリング」**です。

相手MFの背後からタイミング良く「センターバイタル」や「ハーフバイタル」に出ることで、動的にパスコースをつくり出せます。

より細かく言うと、センターバックからバイタルエリアにいきなりパスを入れても成功率は低く、ボールを失った場合のリスクも高いため、相手の守備ラインを1つずつ越えていくのが基本になります。

センターバックから「Y字のポイント」に立ったMFにパスを出し、そのMFが前を向いてパスを出せる状態になった瞬間、前線の選手が「Waiting Point」からスッと次の「Y字のポイント」に顔を出すのです。

もし相手DFがそれを警戒して前に出てきたら、言うまでもなく狙うは裏です。助走をつけたファーからの「ハーフゲート抜け」やニアからの「バルーン」で、一発で裏を取りにいきます。

サッカー界では「攻撃を教えるのは難しい」とよく言いますが、それは守備に比べて言語化と理論化が足りていないせいでもあります。技術とフィジカルがプレーカテゴリーの水準を満たしているのが前提ですが、前線の選手が「Waiting Point」に立ち、3つのアピアリングを使いこなせば、チャンスを激増させられます。

日本サッカーの進化のために、一人でも多くの人に知ってもらいたい理論です。

まとめ

- 相手ＭＦの背後2、3歩の位置に立ち、タイミング良くパスコースに動く。
- 相手ＤＦが前に出てきたら、助走をつけて「ハーフゲート抜け」を狙う。
- 相手ＤＦの死角を使う。

コラム2　理想的な「Y字のポイント」
↓詳しくは「講義1」

今、ポイント理論の「教科書」と言えるチームがプレミアリーグにあります。三笘薫が所属するブライトンです。2023年1月14日、ホームでリバプールに3対0で勝利した試合の前半7分を例にしましょう。

図を見ると、センターバックのダンクがボールを持ったときに、右サイドバックのグロスとボランチのカイセドが「Y字のポイント」に立っているのがわかると思います。さらにトップ下のララーナがファビーニョとヘンダーソンに対して「Y字のポイント」に立っています。実際、ダンク↓グロス↓カイセド↓ララーナという順番でパスがつながり、ゴール前に迫ることに成功しました。ブライトンのビルドアップでは常にポイントに選手が立とうとしています。

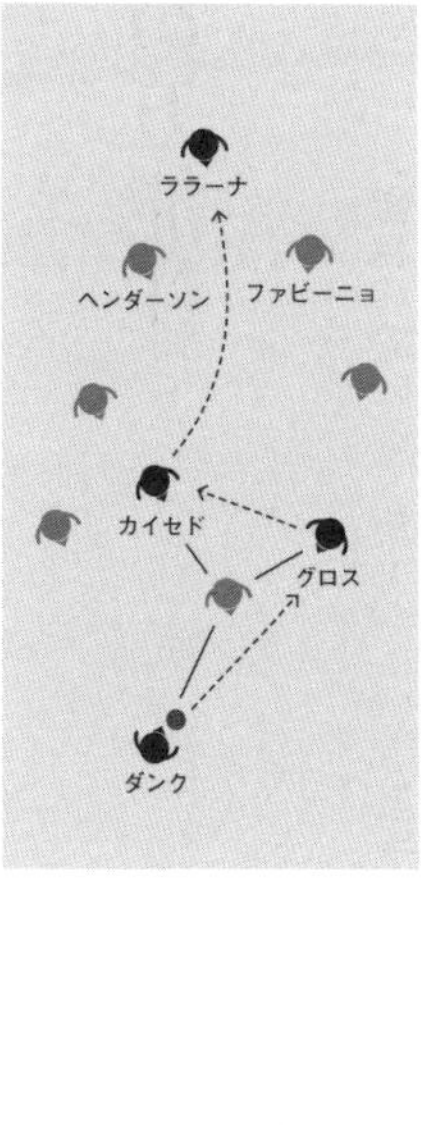

講義4　3－3－4システムの万能性

◎一般的にサッカー界では「万能なシステムはない」と言われている。チームにいる選手の個性や相手の戦術によって変えるべき部分があるからだ。
◎しかし、これまでに説明した正対やWaiting Pointといった「原則」を実行できたら、万能になりうるシステムが存在する。本講義では「3－3－4」について説明する。

講義1～3までの振り返り

ここまで読んでいただいたら、すでに「蹴球学」が一般的なサッカー戦術論とは一線を画すことを感じ取ってもらえたと思います。

1度立ち止まってポイントを復習しておきましょう。

☑正対

ボールを持っている選手が、ターゲットとなる相手に対してへそを向けて正対すると左右両方にパスを出しやすく、もしくはドリブルで抜きやすくなる。

☑Y字のポイント

ボール保持者と相手を線で結び、それを縦線として「Yの字」をつくる位置に2人の受け手が立つ。

☑ペナ幅でビルドアップ

ビルドアップ時、外側のDF（サイドバックもしくはセンターバック）がペナ幅まで絞って立つと選択肢が増える。一方、外側のDFがサイドに広がって立つと、「同サイド圧縮」に追い込まれやすくなる。

☑Waiting Point

相手MFの背中から2、3歩後ろのエリアに立っておき、ボールが来るタイミングでセンターバイタルやハーフバイタルに出ると、パスを受けられる確率が上がる。

ちなみに「蹴球学」では、裏のスペースはゴールに直結することから、裏を狙うことを「クリティカル」と呼んでいます（英語でcriticalは「致命的」の意）。また、バックパスや横パスの経路を確保することを「エスケープ」と呼んでいます。「クリティカル」、「ポイント」、「エスケープ」のアルファベット頭文字を取って、「ＣＰＥの原則」と呼んでいます。

☑ＣＰＥの原則

Ｃ＝クリティカル（裏抜け）
Ｐ＝ポイント（ポイントに立つ）
Ｅ＝エスケープ（バックパスや横パスでプレスを回避する）

こういう原則を実行できたら、相手が４バックで守っていようが、５バックで

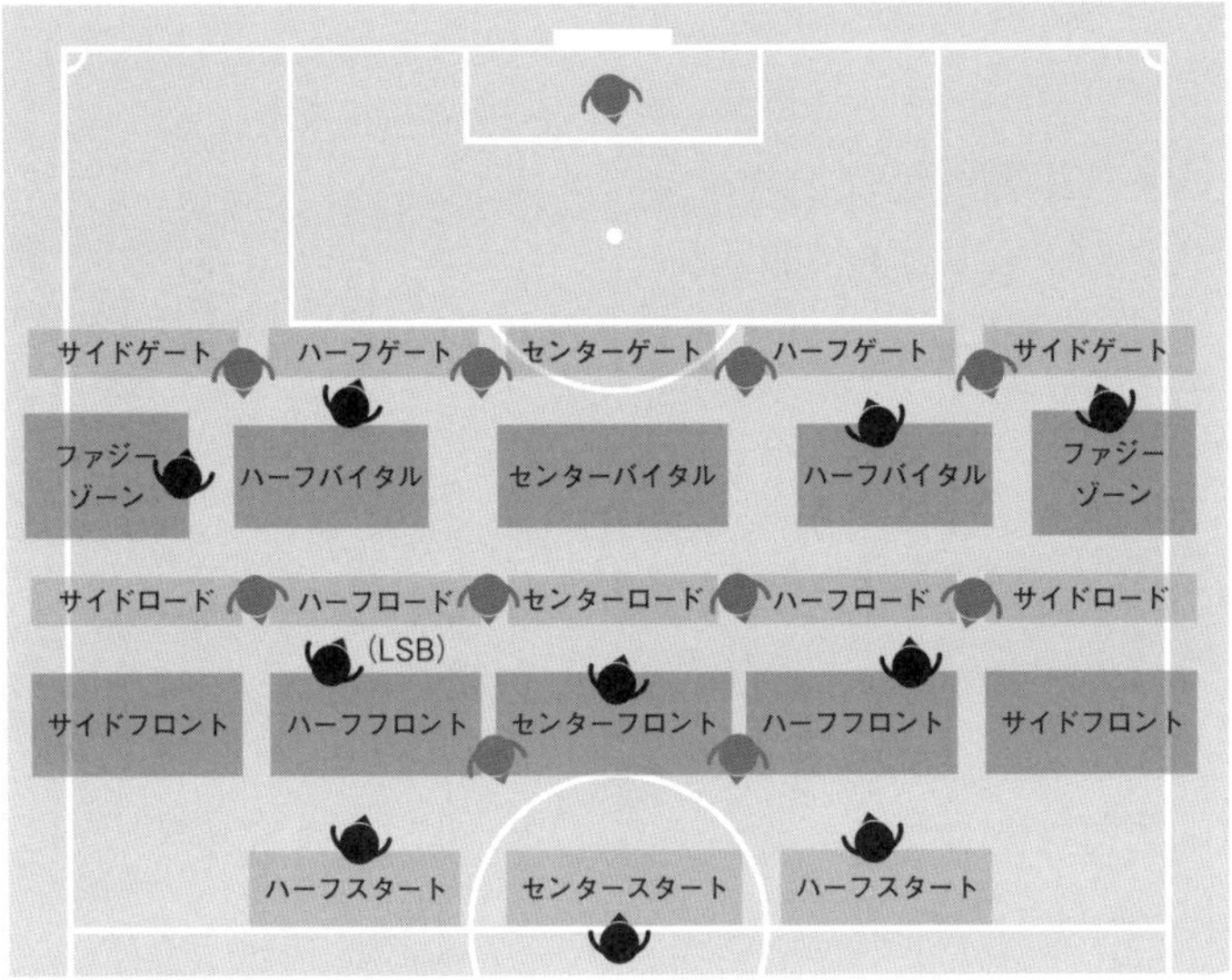

守っていようが、後出しジャンケンが機能する「万能」のシステムがあります。

それが「3-3-4」（攻撃時）です。

万能な「3-3-4」

上の図の黒色が攻撃チームで、灰色が守備チームです。

黒の攻撃チームが3-3-4に並んでいることがわかると思います。

立ち位置の約束事は次の通りです。

・最終ラインの３人がスタートエリアに立つ。
・中盤ラインの３人がフロントエリアに立つ。
・前線ラインの４人がファジーゾーンとバイタルエリアに立つ。

なぜ攻撃時のシステムに限って話をしているかというと、多くの場合、守備時のシステムは相手の攻撃の仕方と自軍の戦力の特徴によって変わってくるものだからです。４－４－２、４－３－３、５－４－１などいろいろな選択肢があります。あくまでもシステムは初期配置の目安となる数字であり、数字よりも大切なのは原則です。

前ページの図を見ると、中盤のラインに左サイドバック（ＬＳＢ）がいることがわかると思います。これは守備時の陣形が４－４－２で、左サイドバックが中盤に上がることで３－３－４になったものです。

では、このシステムが具体的にどう機能するかを見てみましょう。

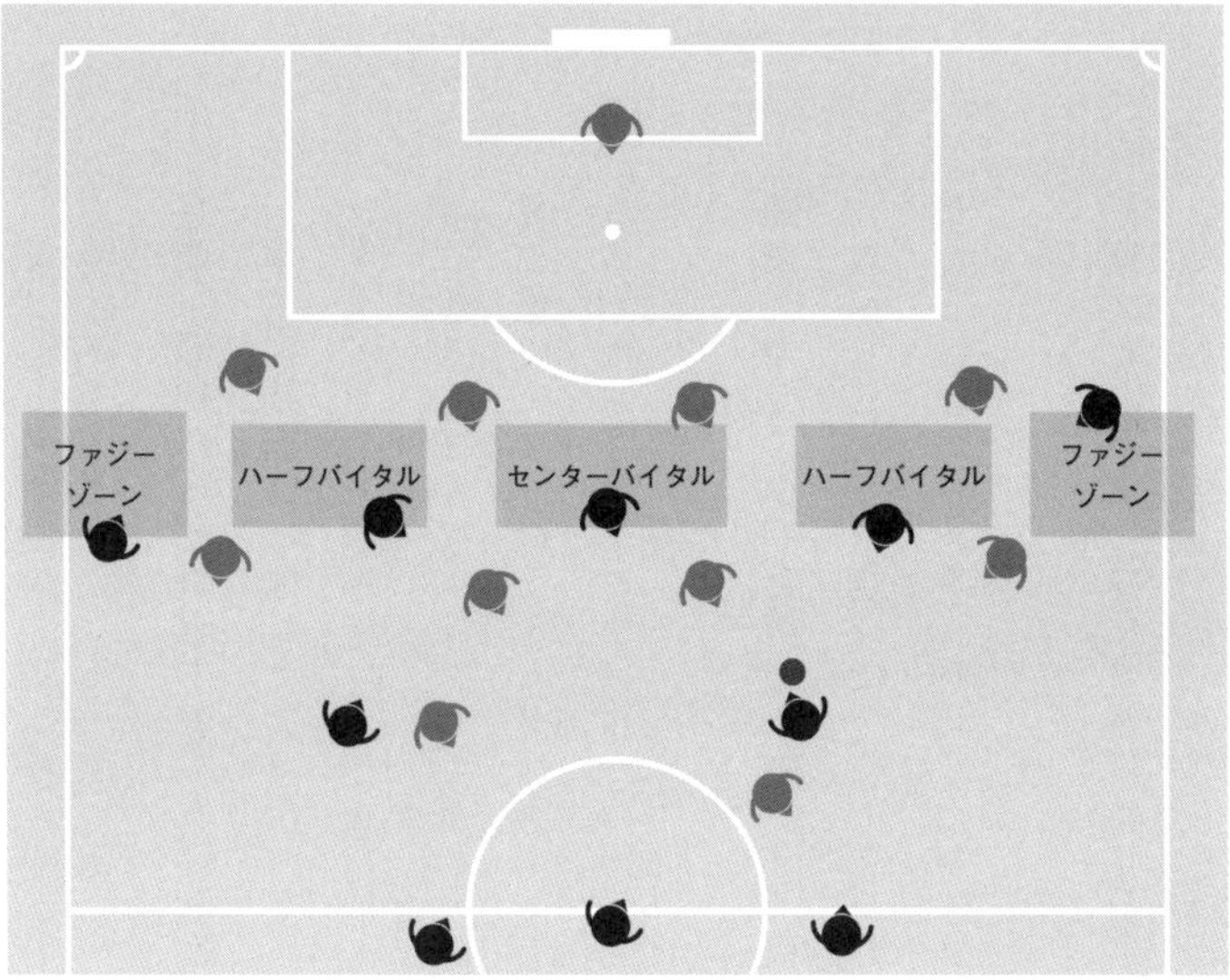

(1)相手が4バック(4-4-2)のとき

一般的に4バックの相手に対しては、5エリア（センターバイタル、ハーフバイタル、ファジーゾーン）のすべてに人を置くのが定石です（上の図）。

スピーディーにパスをつないでバイタルエリアへボールを送り込めたら、相手のプレスバックが追いつかず、5対4の数的優位になって4バックを攻略できます。

この図を見て「えっ、3-3-4じゃないじゃん。3-2-5じゃん」と気づいた方は鋭いです。

そう、単純に5エリアのすべてに立とうと思ったら「3-2-5」になります。

しかし、この「3-2-5」の並びには3つの短所があるのです。

短所①最初からセンターゲートに攻撃者がいる

すでに講義3で触れたように、「センターゲート」を通って裏に抜けても、「センターバックの視野に収められやすい」、「GKが飛び出して対応しやすい」「相手に囲まれていてボールが届きにくい」といった理由で、ゴールできる確率は非常に低いです。最初からセンターゲートにFWを置いておくのは無駄になってしまう場面が多々あります。

短所②カウンターを防ぐためのフィルターが弱い

攻撃しているときに後方に留まっているのは最大「3人+2人」で、強い相手になるほどカウンターを防ぐためのフィルターとしての機能に不安が残ります。

短所③ビルドアップのときにポイントに立つ人が足りない

ビルドアップのとき、3バックに対して相手が2トップではめにきたときと、相手が3トップではめにきたときでは、「Y字のポイント」の数が異なり、中盤ラインに2人しかいないと対応しきれません。

短所③はイメージしづらいと思うので、もう少し詳しく説明しましょう。

相手が2トップのときと、3トップのときでは敵の人数が異なるので、当然ながら敵の背後にできるポイントの数が変わります（ポイントが重なり合ったり、隣接したりした場合は、1つのポイントとして見なす）。

相手が2トップ
↓ポイントは計3つ

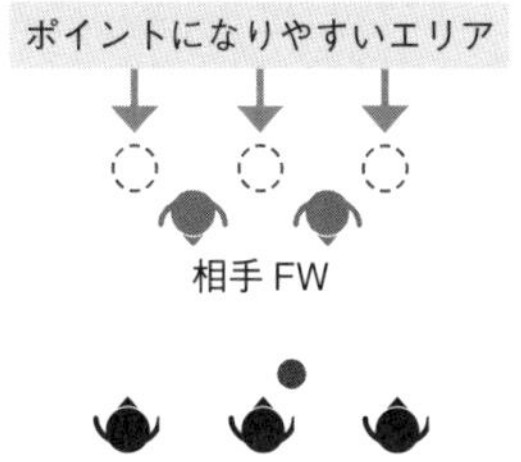

相手が3トップ
↓ポイントは計4つ

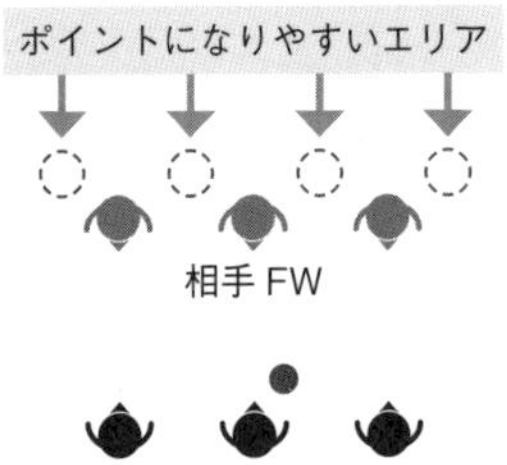

最終ラインでボールが動くたびに、中盤ラインの選手が新たにできる「ポイント」に立つのが理想です。そうすれば前方向に、常に2つ以上のパスコースをつくれるからです。たとえ中盤ラインに2人しかいなくても、相手が2トップでポイントが計3つならスライドして対応できます。しかし、相手が3トップでポイントが計4つになると、もはや横の距離が長すぎてスライドが間に合いません。そうなるとパスコースを2つ以上つくれない瞬間が生まれ、ボールを失う確率が高まります。

「3－2－5」のこれらの短所を解決しつつ、それでいて5エリア攻略の長所を残すにはどうしたらいいのか？

それこそが「3－3－4」です。

初期配置でセンターゲートの前にはFWが置かれておらず、その無駄を省いたおかげでカウンターのフィルターが計6人になっています。中盤は3人に増えたので、ポイントが5つあっても左右にスライドしてカバーできます。

もちろん無駄を省くためとはいえ、前線の人数が減ったことに変わりはありません。それを補うのが「エリアアップ」と「エリアスライド」です。

▼エリアアップ
ボールがバイタルエリアへ入ったとき、後方から選手が前線へ上がる。
▼エリアスライド
ボールがバイタルエリアへ入ったとき、前線の選手がボールサイドにスライドする。

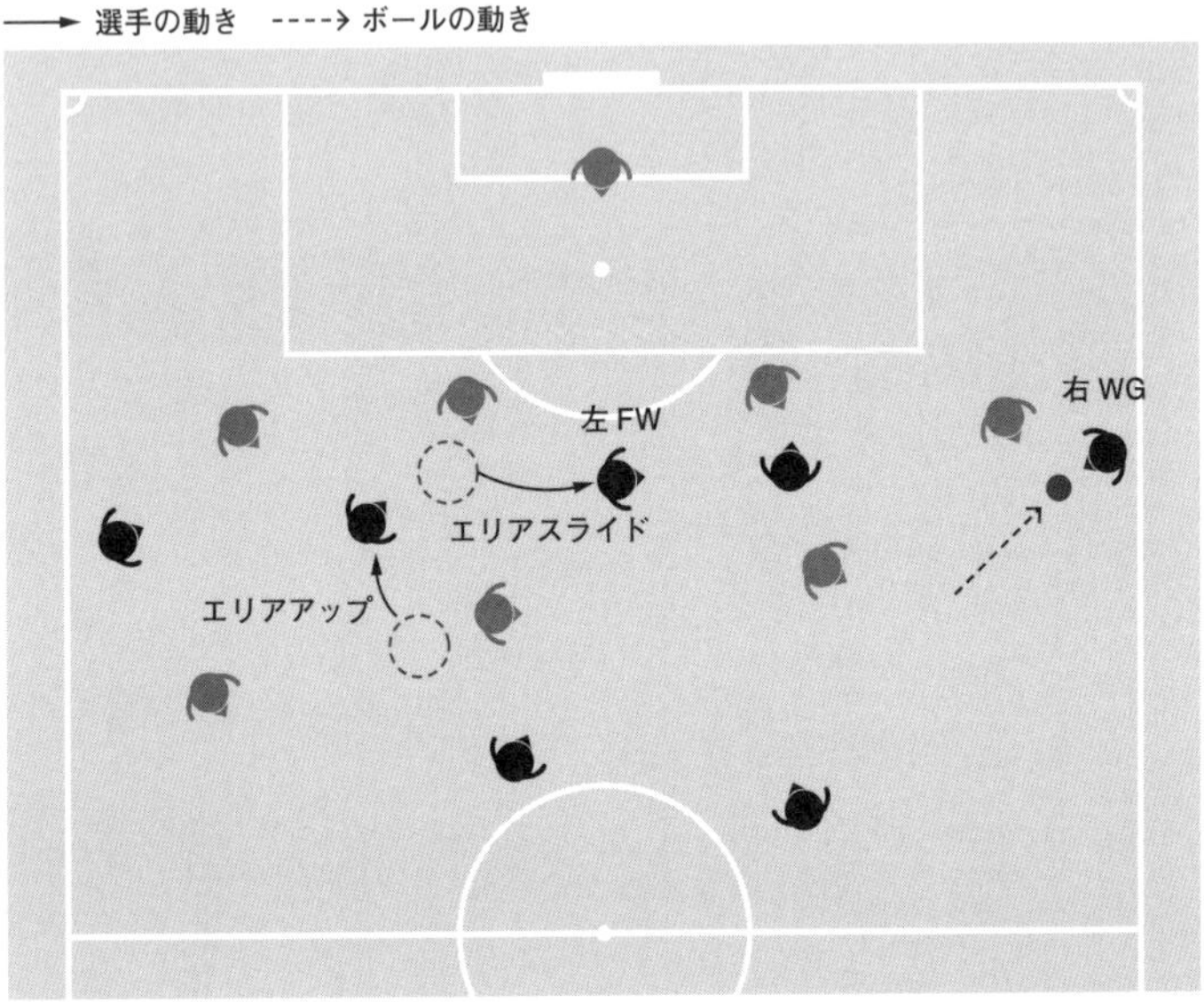

「エリアアップ」をすれば一時的に前線が5人に増え、相手4バックに対して数的優位になります。

また、「エリアスライド」をすれば局所的に数的優位になります。

たとえば右ファジーゾーンにいる右ウイングへパスが通ったとしましょう。逆サイドの左FWがセンターバイタルへ動き、空いた左ハーフバイタルへ中盤ラインの選手が上がる、という感じです（上の図）。

初期配置としては前線で4対4の数的同数ですが、最終的にゴールに迫る段階では、後ろの選手がスピーディーに上がるか、前の選手がずれることによって数的優位をつくり出しています。これに近い形をコンテ時代のインテルはやっていました。また、5エリアを取るチームもライン間のいずれかの選手が下りてきては前線に上がることで、「3－3－4システム」に似たメカニズムで攻撃を成立させることが多いです。

(2)相手が5バック（5－4－1）のとき

5バックの攻略には、一般的に次の2つの攻撃があります。

▼揺さぶりからのサイド突破

4バックに比べて、5バックは中盤と前線の人数が少なく、そのためパスを左右に回しやすい。揺さぶりによって手薄になったサイドにボールを展開し、数的優位な状況をつくって突破する。

▼深い位置を取って後ろにボールを戻してクロス

5バックは深い位置を取られたあとにラインを上げるとき、息が合わずDFラインが乱れやすい。攻撃側は素早くボールを後ろに戻し、クロスを上げるとオフサイドになりづらい。

しかし、相手のスライドが早かったり、相手を押し込むだけの攻撃ができなかったりすると、これらの手段は使えません。

そこで参考にすべきはトーマス・トゥヘルのやり方です。

トゥヘルはチェルシーを率いていたとき、相手の5バックに対して「ピン留め」を用いていました。僕はこれを「トゥヘルシステム」と呼んでいます。

▼トゥヘルシステム
5バックのインサイドバックの前に2トップを立たせて、上がらせなくする。

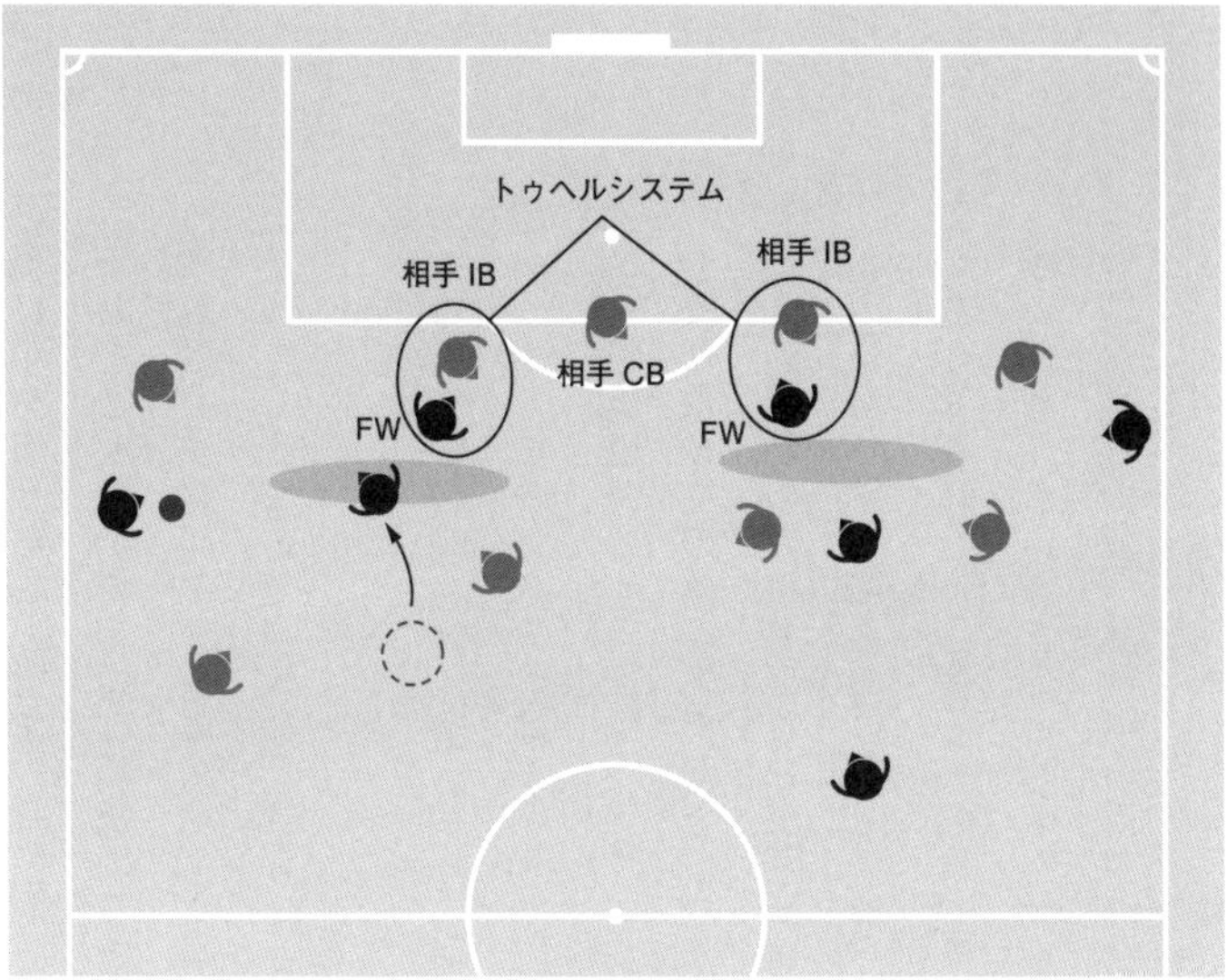

ここで「インサイドバック」とは、5バックの中央のセンターバックの両脇にいるセンターバックを表す蹴球学用語です。丁寧に書くと次の通りです。

▼5バック＝左ウイングバック＋左インサイドバック＋センターバック＋右インサイドバック＋右ウイングバック

5バックの長所は後ろに人数がそろっているため、バイタルエリアにボールが来たとき、躊躇なく前に出てパスの受け手を潰せることです。

それをさせないために、前線のFWがインサイドバックの前に立つんです。そうすればハーフバイタルにスペースができ、中盤ラインの選手がタイミング良く上がってくることでパスを受けられます（前ページの図）。


ここまでの説明を読んでいただいてわかる通り、3－3－4は初期配置なだけであって、このシステムは4－2－4にも3－2－5にも4－1－5にも3－1－6にも変化します。

つまり重要なのはシステムではなく状況に合わせた選手たちの正しい行動であり、その行動のガイドラインが原則です。

相手が4バックならこのシステム、5バックならあのシステムというふうに、戦い方が複雑になると選手の脳に過度な負担がかかってしまいます。

また、システムごとの最適解を個別に覚えさせても選手の状況把握能力にもばらつきがあるので、試合中の相手のシステム変更に対して全員が同じ絵をイメージして戦うことは不可能に近いです。

なので「正対」や「ポイント」を始めとした数々の〝原則も実行したうえで〟攻撃時に「3-3-4」を採用するのは、**どんなシステムに対してもボールを前進させる構造をつくりやすくなり、脳の負荷を抑えながら合理的に戦ううえで有効**と言えます。

まとめ

- **「3-3-4」はビルドアップ時にパスコースをつくりやすく多くの守備システムに対応できる。**
- **最終局面では中盤ラインの選手が上がってプラス1以上をつくる。**
- **対5バックには揺さぶりとインサイドバックの「ピン留め」(トゥヘルシステム)が有効。**

講義5 属性表でわかる最高攻撃ユニットのつくり方

◎監督の腕の見せ所のひとつは、選手の個性をどう組み合わせるかだ。メッシが自由に動いて長所を発揮するには、他の選手のサポートが鍵になる。エムバペにカウンターで前を向かせるには、他の選手の献身的な守備が必要だ。
◎異なる個性を持つ選手をどう組み合わせればいいかを「属性」という視点で明らかにする。

選手を属性別に分類する

ここまでの講義では攻撃で最も重要な「立ち位置」に注目するために、それぞれのポジションにどんな選手がいるかは考慮してきませんでした。全員が均一的に能力を備えているという前提のもとで話を進めてきたわけです。

しかし、言うまでもなく選手には「個性」があります。

個性にはドリブルといった長所だけでなく、「このスペースでプレーするのは得意だけど、このスペースでプレーするのは苦手」という得意・不得意も含まれています。

つまり選手は完璧ではありません。

それを理解しないで選手をピッチに並べると、プレーしたいスペースがかぶったり、選手の特徴が出しづらくなったりしてしまいます。

日本だけでなくヨーロッパの試合を見ていると、後半にフレッシュな選手が投入されたものの、むしろ戦況が悪くなることがよくありますよね。周りの選手との「ユニット」を考えずに交代してしまうからです。

システムを考えるときには「立ち位置」とともに、「どう組み合わせるか」が極めて重要です。


では、いったいどうやって個性を組み合わせればいいのか？

それを考えるうえで有効なのがタイプ分けです。選手をいくつかの「属性」に分類することで、ユニットとして機能するか、しないかを見極められるようになります。

「センターフォワード」、「ウイング」、「オフェンシブミッドフィルダー」、「ディフェンシブミッドフィルダー」、「サイドバック」、「センターバック」、「ゴールキーパー」について、僕は2020年に表のように分類しました。

（注：最近センターフォワードのみ再定義したので、それは本講義の最後に触れたいと思います）

CF（センターフォワード）

ラインブレーカー	DFラインと駆け引きして裏を狙うのが得意 例 レバンドフスキ、スアレス
ブラインダー	相手の死角から現れ、フリーになるのが得意 例 ジェズス、Cロナウド、上田綺世
ポストプレーヤー	ヘディングや相手を背負ったプレーで味方を生かすのが得意 例 ジルー、ケイン、大迫勇也
オンザボーラー	ボールをもらう前の動き出しは少ないが、ボールを持つと強みを発揮する 例 マルシャル、ディバラ
デコイヤー	動き出しで敵を引きつけることでスペースをつくり、味方を生かす 例 ベンゼマ、ルカク
フォローストライカー	1・5列目でチャンスメイクを狙いつつ、前線にも飛び出してゴールを狙う 例 グリーズマン、ロイス
トップスティーラー	守備時には献身的なプレスバックで相手からボールを奪い返す 例 フィルミーノ、ミュラー

WG（ウイング）

フリーウインガー	類まれな攻撃力を生かすため、守備を免除されることで力を発揮する 例 メッシ、エムバペ、Cロナウド
フェイクウインガー	初期配置はWGだが機を見て中にポジションを取り、攻撃に貢献する 例 ガビ、堂安律、ベルナルド・シウバ
カットインシューター	利き足と逆サイドに配置され、カットインからのシュートを得意とする 例 マフレズ、サカ、孫興民《ソンフンミン》、ラファエル・レオン
ストレーター	縦突破を得意とする 例 伊東純也、ヴィニシウス、三笘薫
クロスランナー	外側からDFラインと駆け引きし、ゴール前に飛び込むのが得意 例 マネ、ロドリゴ（Rマドリー）、ペリシッチ
クロッサー	クロスの精度が高く、長距離パスでのアシストを得意とする 例 ベッカム、オルブライトン　※現在はこの属性に特化した選手は少ない
ノープランナー	ポテンシャルはすごいがあの感じの選手 例 アダマ・トラオレ

OMF（オフェンシブミッドフィルダー）

バイタラー	DFラインと中盤のすき間で技術を発揮し、チャンスをつくり出す 例 久保建英、鎌田大地、ネイマール
オーバーテイカー	機を見てクロスに飛び込んだり前線に飛び出したりするのが得意 例 ギュンドアン、ブルーノ・フェルナンデス、ジャカ
スポットウインガー	中盤のパスワークに参加し、機を見てサイドに流れてからのクロスが得意 例 デブライネ、モドリッチ、バレッラ
サイドバランサー	サイドに置かれた守備貢献度の高いキャラクターで、総合力で貢献する 例 バルベルデ、ガビ
マルチローラー	状況に応じて様々な役割をこなせるタイプ 例 ベルナルド・シウバ、パスカル・グロス

DMF（ディフェンシブミッドフィルダー）

フレキシブルハンター	ボール奪取が得意かつ攻撃時の状況判断に優れている 例 カンテ、カイセド、ヘンダーソン
タイムクリエイター	ボールを失わず、キープ力で味方に時間を与えることができる 例 チアゴ、ヴェラッティ、ペドリ
コンダクター	攻守において味方に指示を与えながら試合を組み立てる 例 ブスケツ、ロドリ、ジョルジーニョ
ハードハンター	自ら動くことで広い範囲をカバーし、ピンチの芽を摘む 例 カゼミロ、ベンタンクール、遠藤航
トランスポーター	秀でたキープ力と推進力でボールを運ぶのが得意 例 F・デ・ヨング、モドリッチ、コバチッチ
スイッチアンカー	CBとアンカーを兼任し、自身のポジショニングで戦術を変更する 例 ストーンズ、長谷部誠、クリステンセン

SB（サイドバック）

サイドマスター	攻守において技術と判断に優れ、弱点が少ない [例] アルバ、カルバハル、ロバートソン
サイドアッパー	守備に不安はあるが、攻撃時の技術と判断で貢献する [例] マルセロ、カンセロ、ジンチェンコ
サイドコンダクター	サイドバックの位置から適切な技術と判断でゲームメイクを狙う [例] ベン・ホワイト、ストーンズ、冨安健洋
デュエリスト	1対1では攻守において強さを発揮する [例] エストゥピニャン、ワン＝ビサカ、アルフォンソ・デイビス
サイドスナイパー	精度の高いクロスやラストパスを武器にする [例] トリッピアー、Aアーノルド
サイドウォール	攻撃に比べて守備での貢献度が高い [例] アラウホ、アケ、酒井宏樹

CB（センターバック）

コマンダー	予測力を武器に攻撃をつかさどり、守備を統率する 例　Tシウバ、リサンドロ・マルティネス、ルベン・ディアス
プレデター	空中戦が強いうえにスピードもあるので抜かれにくい 例　ファンダイク、ヴァラン、グヴァルディオル
グランドバトラー	地上戦が得意で相手を自由にさせない 例　ルーク・ショー、ロメロ、ティンバー
エアバトラー	敏捷性に不安はあるが、空中戦はめっぽう強い 例　マグワイア、ダンク、シュクリニアル
マルチバック	DFラインの様々なポジションをこなすことができる 例　アラバ、冨安健洋、ストーンズ
ワイルドバック	ポテンシャルの高さゆえか、相手の動き出しへの準備を怠りがち 例　ダビンソン・サンチェス、キンペンベ、ジョー・ゴメス

ＧＫ（ゴールキーパー）

モダンカスト	セービング、飛び出し、クロス対応、足元すべてが高水準 例 ゾマー、テア・シュテーゲン、エデルソン
ポジショナルキーパー	他の技術に比べて足元の能力が高い 例 ロベルト・サンチェス、ウナイ・シモン、シュミット・ダニエル
クラッチセーバー	足元の技術に若干不安はあるが、神がかったセービングを見せる 例 デ・ヘア、アリソン、権田修一
ノイアー	ＤＦライン裏の広範囲をカバーする判断力と機動力を持つ 例 ノイアー、ケパ、ラムズデール

馴染みがないものばかりだと思うので、まずはイメージしやすいように近年バロンドールに輝いた選手がどの属性を持っているかを見てみましょう。

◎リオネル・メッシ：フリーウインガー＋ブラインダー＋フォローストライカー＋バイタラー

◎クリスティアーノ・ロナウド：ラインブレーカー＋ブラインダー＋ポストプレーヤー＋

デコイヤー＋フリーウインガー
◎カリム・ベンゼマ：ブラインダー＋バイタラー＋デコイヤー
◎ルカ・モドリッチ：スポットウインガー＋バイタラー＋マルチローラー＋フレキシブルハンター＋タイムクリエイター＋コンダクター＋トランスポーター

タイプ分けというと「一人＝一属性」というイメージがあるかもしれませんが、このように一人で複数の属性を持っている選手がけっこういます。

ほかに例をあげると、リバプールのモハメド・サラーは「カットインシューター」（利き足と逆サイドに配置され、カットインからのシュートを得意とする）と「クロスランナー」（外側からDFラインと駆け引きし、ゴール前に飛び込むのが得意）で、レアル・マドリーのトニ・クロースは「コンダクター」（攻守において味方に指示を与えながら試合を組み立てる）と「タイムクリエイター」（ボールを失わず、キープ力で味方に時間を与えることができる）です。

ペップ・グアルディオラがすごいのは、1つの属性しか持っていなかった選手に、指導によって新たな属性を持たせられることです。

たとえばリヤド・マフレズはマンチェスター・シティに来るまでは「カットインシューター」でしたが、ペップのもとで練習した結果、「クロスランナー」もできるようになりました。これならペップに約30億円の年俸を払っても決して高くないですよね。

リバプールが持ち合わせた3つの合理性

では、この視点をチーム全体に当てはめてみましょう。

２０１９年にＣＬで優勝した全盛期のリバプールは、属性の組み合わせに関して3つの完璧な合理性がありました。

合理性１：ウイングとサイドバックの関係性

ウイングのサディオ・マネ（現バイエルン）とサラーは「クロスランナー」＋

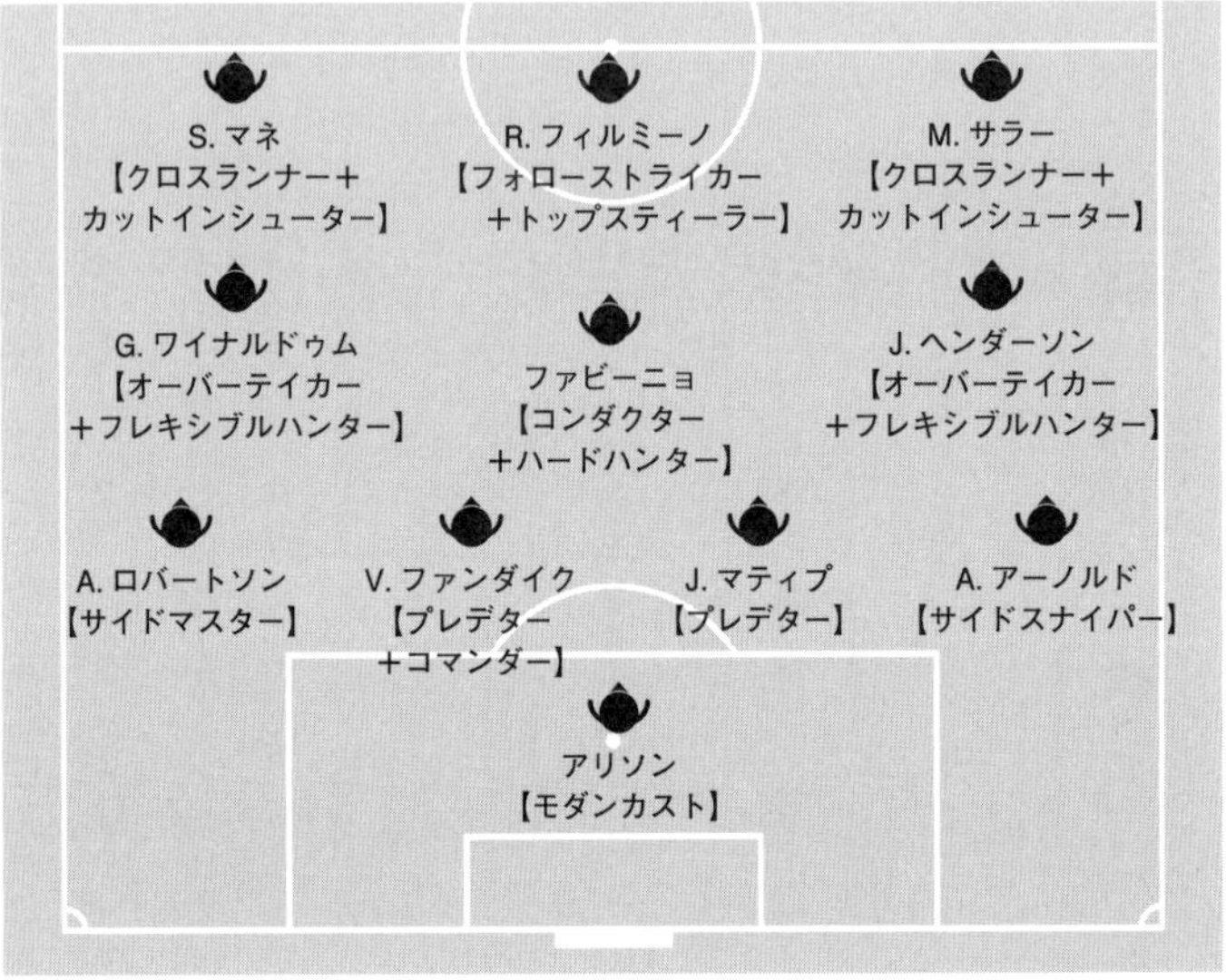

「カットインシューター」で、斜めに走る動きやドリブルでゴール前に入ってきます。

それによって大外が空いたら、技術と判断に優れる「サイドマスター」のアンドリュー・ロバートソンと、クロス精度が高い「サイドスナイパー」のアレクサンダー・アーノルドがどんどん高い位置を取ってきます。

18－19シーズンのプレミアリーグでロバートソンは11アシスト、アーノルドが12アシストできたのは、ウイングとサイドバックの属性がどはまりしていたからこその数字でした。

合理性2：ストライカーとインサイドハーフの関係

センターフォワードのロベルト・フィルミーノは、「フォロース卜ライカー」として中盤に下がりつつ、自分自身も前に飛び出してゴールを狙うタイプです。

一方、インサイドハーフのジョルジニオ・ワイナルドゥム（現ローマ）とジョーダン・ヘンダーソンは前線に飛び出すのを得意とする「オーバーテイカー」。

フィルミーノが下がったら、ワイナルドゥムもしくはヘンダーソンが飛び出す。このユニットの相性も完璧です。

合理性3：中央に引き込んでボールを奪う

リバプールはハイプレスで有名ですが、DFラインすべてにプレスをかけるわけではありません。フィルミーノが少し下がって相手の中盤を背中で消し、マネとサラーがサイドバックへのコースを切りながら、相手センターバックにプレスをかけます。

そうなると相手はGKに戻す以外、大きく蹴り出すか、中盤にくさびのパスを入れるしかありません。

となるとリバプールの中盤に必要なのは、ボールを刈り取れる「フレキシブルハンター」。ワイナルドゥムとヘンダーソンはまさにそのタイプです。

さらにアンカーには「ハードハンター」の属性を持つファビーニョが構えている。

また、フィルミーノも「トップスティーラー」として献身的にプレスバックしてくれます。

この4人の属性によって、中央にボールを引き込んで刈り取るという守備が機能するわけです。

しかし、あまりにも組み合わせが完璧すぎると、それが崩れたときに新たな「正解」を見つけるのが困難なのかもしれません。

2021年夏にワイナルドゥムがパリ・サンジェルマンへ、2022年夏にマネがバイエルンへ移籍。さらにフィルミーノが負傷離脱することが多くなり、「CL優勝モデル」を組めなくなりました。

リバプールの試合を見ている方ならわかると思うのですが、22-23シーズンは特にアーノルドの守備が穴になっています。チームとしての攻撃力が落ちて守る時間が長くなり、アーノルドの1対1の弱さという短所が出やすくなってしまっているのです。

もしアーノルドを使い続けるなら、もっと「サイドスナイパー」としてのクロス力を出せるように、他のDFや中盤とのユニットを見直すべきです。結果が伴わない試合はアーノルドが中にポジションを取ってしまい、「クロスランナー」の属性を持つサラーがゴールから離れた位置でプレーすることが多いです。

さて、最後にもう1度、センターフォワードの属性について触れさせてください。2年前に属性を考えてから自分の中でサッカーについての考えが整理された部分がありまして、本書では次の表のように再定義しました。

CF（センターフォワード）改

オフザボーラー	DFラインと駆け引きして裏を積極的に狙い、フリーになる能力が高い
オンザボーラー	フリーになる能力は高くないが、ボールを持てば違いをつくり出せる
セントラルクリエイター	DFラインの前方や中盤でボールを引き出し、フィニッシュにつながる状況をつくり出せる
サイドクリエイター	サイドのスペースへ流れることでボールを受け、フィニッシュにつながる状況をつくり出せる
フォローストライカー	パートナーとなるFWを基準にした1・5列目でチャンスをつくり、ゴールも狙う
ポストプレーヤー	空中戦に強く、相手を背負ったプレーで味方も生かす
アルティメットスコアラー	オフ・オンザボールともに高水準で、決定力が高い

一番の変化としては、「ラインブレーカー」、「ブラインダー」、「デコイヤー」はオフザボールの動きがうまい選手に共通するところがあるので、覚えやすいように「オフザボーラー」にひとくくりにしました。

また、攻撃ユニットの良し悪しを見極めるのがこの表の目的なので、守備面の働きを考慮した「トップスティーラー」はなくしました。

その代わりに、中盤に下がってチャンスメイクする「セントラルクリエイター」と、サイドに流れてチャンスメイクする「サイドクリエイター」を新たに加えました。

センターフォワードの新定義

センターフォワードの新定義を一つひとつ見ていきましょう。

まず「オフザボーラー」は日本で言えば、岡崎慎司や上田綺世。ジェズスやマルティン・ブライトバイテもこの属性です。

そして忘れてはいけないのはクリスティアーノ・ロナウドでしょう。

クリスティアーノ・ロナウドはいろんな属性を少しずつ持っている選手ですが、この「オフザボーラー」が世界一。ここにメンタルとかキックの精度とかいろんな能力がプラスされて、最強の得点マシーンになって一時代を築きました。

次の「オンザボーラー」はフリーになる能力は高くないのですが、ボールを持ったときに違いを生み出せるタイプです。アントニー・マルシャルやニューカッスルで中央で使われるときのジョエリントンがそう。クリスタル・パレスのウィルフレッド・ザハは稀《まれ》にオフザボールで素晴らしい動きをしますが、属性的にはかなりオンザボールに振り切った選手だと思います。

「セントラルクリエイター」は中盤に降りてラストパスを出したり、ワンツーからゴール前へ入っていったりするタイプ。代表例はフィルミーノやメンフィス・デパイ、そしてズラタン・イブラヒモビッチです。

イブラヒモビッチはポストプレーヤーに見られがちですが、だらだら歩いて相手を油断させ、「今!」って瞬間に動き出すのがめちゃくちゃうまいです。

たとえば中盤に降りてパスをサイドに展開し、サイドからクロスが入る瞬間、敵の背中からゴール前へ走り込みます。

イブラヒモビッチは「オフザボーラー」と「オンザボーラー」で、なおかつ「セントラルクリエイター」の属性を持っています。もともとポテンシャルが高い選手でしたが、年齢を重ねて得た経験を動きに生かしているのがすごいです。

「サイドクリエイター」はサイドのスペースへ流れてボールを受け、フィニッシュにつなげる選手。かつての代表的な選手はティエリ・アンリで、現代ではカリム・ベンゼマですね。

あとは意外に思われるかもしれませんが、センターフォワードで使われたときのウスマヌ・デンベレ。バルセロナで3－5－2の2トップで使われたとき、カウンター時にサイドバックの裏にどんどん流れてチャンスをつくっていました。デンベレはオフザボールの細かい駆け引きは苦手ですが、広いスペースに走れと指示されたら高いレベルで実行できます。

「フォローストライカー」は他のストライカーの周りで仕事をする選手ですね。代表例はアントワーヌ・グリーズマン。グリーズマンは最前線に自分で構えるのは苦手なんですが、パートナーがいると動き回って攻守に活躍できます。

ルカ・ヨビッチもそう。フランクフルトでセバスティアン・アレと組んでいるときはめちゃくちゃ良かったですが、マドリーでセンターフォワードを任されたり、「サイドクリエイター」の属性を持って動き回るベンゼマと組まされたりすると良さが出ません。

日本で言えば、南野拓実がこのタイプですね。

「ポストプレーヤー」は空中戦に強く相手を背負ったプレーで味方を生かすタイプで、代表例はオリビエ・ジルーやボウト・ヴェグホルスト。大迫勇也は空中戦に特化はしていませんが、背負って周りを使う能力は日本でピカイチです。

最後の「アルティメットスコアラー」はオン・オフ両方とも高水準で、決定力が高い選手。ロベルト・レバンドフスキ、ベンゼマ、アーリング・ハーランド、メッシ。こういう多属性の選手を一括した属性です。

日本だけでなく世界的に、システムの良し悪しを語るときに属性の視点が欠けています。
試合を見ているときに「何かうまくいかないな」と思ったら、選手たちの属性をチェックしてみてください。きっとユニットの中に噛み合わない属性が見つかるはずです。

まとめ

・属性視点でユニットを組めば、選手個々の得意なプレーエリアのかぶりを避けられ、結果につながりやすくなる。
・CL優勝時のリバプールは完璧な合理性。
・名将は属性の組み合わせがうまく、また属性を追加できる。

講義6　チャンスを倍増させる矢印理論

◎「相手を見てサッカーをする」。それを実行するうえで最も重要な情報のひとつが「相手が動こうとしている方向」、すなわち「矢印」だ。
◎いかに相手の矢印の逆を突けるかでチャンスの数が変わってくる。本講義では「矢印理論」について解説する。

相手の「矢印」をかわす・逆を突く

かつてディエゴ・マラドーナはサッカーをこう表現しました。

「サッカーとは騙し合いのスポーツだ」

「騙す」という行為の具体例を一つあげれば「相手が出している動きの矢印をか

わす」もしくは「矢印の逆を突く」ことだと思います。

たとえばマラドーナの伝説の「5人抜き」は、ボールを奪いにきたイングランドのフィールドプレーヤー4人の、ことごとく逆を突いてペナルティーエリアに侵入し、最後はGKまでをも逆方向に飛ばさせて抜き去り、ゴールを決めたものでした。

現在の日本で言えば、三笘薫が逆を突くエキスパートです。

2023年1月14日に行われたブライトン対リバプールでは、マッチアップしたアレクサンダー・アーノルドをときにスピードで置き去りにし、ときにフェイントで棒立ちにさせ、ドリブルで翻弄し続けました。

矢印というネーミングはイメージがつきやすいので採用しました。相手の出てくる力を利用するという点で、合気道や柔道のようなところもあります。

それではどんな「矢印のかわし方」、「矢印の逆の突き方」があるかを、プレーごとに見てみましょう。

▼運ぶドリブル
・相手の背中側にドリブルする。
・それによって相手が向きを変えたら、また背中側にドリブルする。

こういう運ぶドリブルで相手の逆を突くのがうまいのがフレンキー・デヨングです。運ぶドリブルをするときに相手を見て方向を変え、加速力と推進力を生かして相手を置き去りにします。

派手なフェイントがなくても、矢印の逆を意識すると相手を揺さぶれるという好例です。

▼突破のドリブル
・「へそ下」にボールを置く。

・相手の矢印が見えなければボールを動かすかフェイント、味方のオフザボールなどで相手に矢印を出させる。
・「後出しジャンケン」で、その逆にボールを運ぶ。

「へそ下」とは「ボールを全方向に大きく動かせる位置」のことです。ここにボールを置くと、縦へも内側へも素早くボールを動かすことができます。

もちろん三笘も正確なトラップで「へそ下」にボールを収めています。

三笘がさらにすごいのは、ドリブルを始めるときのスタートの仕方。右足でボールを蹴ってから動き出すのではなく、左足を踏み込んで上体を斜めに倒した姿勢をつくり、そこから右足で引き込むようにボールを前へ転がすのです。

上半身と下半身が一直線になる陸上短距離のスタートのような姿勢をつくるので、よーいドンの時点で相手より半歩リードでき、よりパワフルに一歩目を踏み出せます。

もし相手が縦突破を警戒してそのコースを切ってきたら、三笘は左足を縦突破したい方向と逆側に踏み込みカットインします。

中を警戒したら縦へ行かれ、縦を切ったら中へ行かれてしまう。プレミアリーグのＤＦたちが止めるのに苦労するわけです。

▼パス
・プレスをかけてきた相手の矢印と逆方向へパスを出す。
・プレスをかけてきた相手の矢印が届かない場所へパスを出す。
・パスカットを狙って一歩を踏み出した相手の逆を突いてパスを出す。

「プレスをかけてきた相手の矢印と逆方向へパスを出す」のは簡単ではありませんよね。けれど、もし失敗しても相手は進行方向と逆にパスを出されて体勢が崩れるので、次の動作に移るまでに時間がかかるんですよ。つまり、逆を突くパスはたとえ失敗しても、即時奪回しやすいというメリットがあります。

矢印の逆を突くパスは、守備のリスク管理にもなります。

▼ターン
・正確なトラップで「へそ下」にボールを置き、軸足で相手からボールを隠す。
・相手の動きを間接視野で見て、相手の動きと逆側にボールを動かしてかわす。

逆を突くターンがずば抜けてうまかったのが、現バルセロナ監督のシャビです。相手がボールを奪いにきてもクルっとターンして入れ替わり、前を向いて決定的なパスを出していました。

ターンに欠かせないのが、パスを受ける前の駆け引きです。わざと相手に背後が見えていないと思わせて食いつかせたり、縦に行くと見せかけて相手の足を止めたりします。

これができる選手は、「プレス耐性」（プレスをかけられてもボールをキープできる能力）が間違いなく高いです。

チームとして「矢印をかわす」、「矢印の逆を突く」プレーをできるようになると、次の2つのメリットが生まれます。

メリット1：相手にプレスの矢印を整理させない

ここでみなさんに質問です。

「相手のプレスにはめられている」というのは、どんな状態のときでしょう？

答えは、相手がプレスの矢印を整理できているときです。


ビルドアップで横パス、横パスという感じで横方向ばかりへボールを動かしていると、相手は次の行先を予想でき、確信を持ってプレスをかけてきます。そうなったら危険な位置でボールを奪われる可能性が高くなってしまいます。

相手にプレスの矢印を整理させないためには、縦方向のパスが欠かせません。

もちろん一発でバイタルエリアにくさびのパスを入れられたらベストですが、

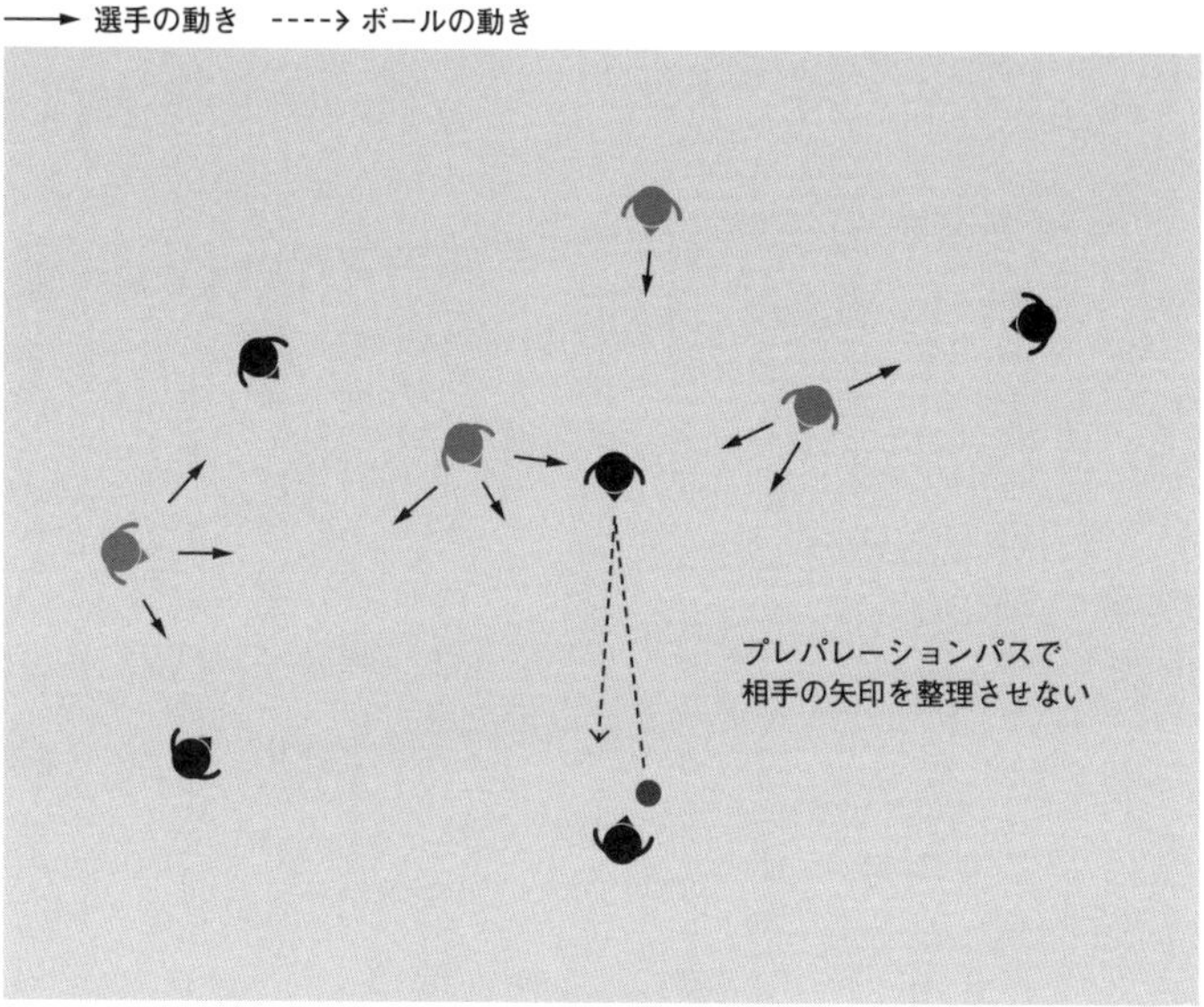
選手の動き
ボールの動き
プレパレーションパスで
相手の矢印を整理させない

それは困難でしょう。

そこで有効なのが「プレパレーションパス」（準備のパス）、通常「プレパ」です（上の図）。

▼プレパレーションパス
近くにいる選手にボールを当ててもらい直すパスのこと。


「プレパ」をすると、縦方向にボールを出し入れできるので、相手のプレスの矢印を揺さぶることができます。

「プレパ」はビルドアップをするとき

に難易度は高いですが、成功させる技術があれば効果的な手段です。

メリット2：＋－《プラスマイナス》のパスによってゴール前で相手を揺さぶれる

敵陣深くに攻め込んで相手ゴールから遠ざかる折り返しのパスのことを「マイナス方向のパス」と呼びますよね。

ということは、あまりこういう表現は耳にしませんが、相手ゴールラインへ近づくパスは「プラス方向のパス」と呼んでいいはずです。

相手がゴール前でブロックをつくって守っていても、プラス方向とマイナス方向のパスを交互に出すと、相手の目線を前後に振ることができます。

そうなるとどこかでマークがずれたり、相手の誰かがボールウォッチャーになったりするでしょう。

レイオフ（くさびのパスを受けた選手がワンタッチで3人目の選手に落とす）はその最たる例です。

ゴール前のフリーランニングにも「＋－理論」が使えます。

たとえばゴール前で隣り合った選手がいたとして、片方は裏に抜け、もう片方が立ち止まったとしましょう。相手DFが裏抜けの選手につられたら、立ち止まったもう一人がフリーになりやすい。相手DFが裏抜けの選手についてこなかったら、その選手はペナルティーエリア内でフリーになれるでしょう。

「矢印理論」は「正対」や「CPE」（クリティカル・ポイント・エスケープ）の原則と相性が良く、組み合わせると三者の効果はさらに高まります。

たとえばボールを持ったときに近くにいる敵と正対して、味方2人がY字のポイントに立ったとします。

相手が向かって右を切る矢印を出したら→左へパス
相手が向かって左を切る矢印を出したら→右へパス

守備側のフェイントに対する駆け引きも生まれますが、後出しジャンケンが成功すれば必ず通りますよね。

僕が率いるシュワーボ東京では、「正対」、「ＣＰＥ」、「矢印」を攻撃の三原則にしています。

まとめ

・ドリブルやパスは相手の矢印を見て行うことが重要。
・プレスをかわすには相手のプレスの矢印を整理させない。
・「矢印理論」は正対理論とＣＰＥの原則を組み合わせることでより実践的かつ効果的になる。

講義7　攻撃におけるいいプレーのセオリー

◎「あの選手にはスキルがある」と言ったとき、人によって頭に思い浮かべるスキルは異なるのではないだろうか。
◎柔らかいトラップを想像する人もいれば、オフザボールの動き方をイメージする人もいるだろう。議論を深めるには「スキル」の言語化が不可欠である。本講義では８つの攻撃のスキルについて解説する。

サッカー用語の再定義

みなさんは日本サッカーとヨーロッパのトップレベルの一番の違いは何だと思いますか？

僕は『サッカーを学問的にも捉えること』だと考えています。

なぜそのプレーを選択したのか。どんな合理性があるのか。ヨーロッパトップレベルでは育成年代から理由を問われ、思考力が磨かれ続けます。それが成長するにつれて「サッカー脳」の差として現れます。


日本はもっとサッカーを学問的にも捉えるべき——。

まさにその問題意識が「蹴球学」の原動力になっています。

どんな分野でも学問として成立させるには用語から曖昧さを排除し、正確に定義することが必要です。

そこで今回は日本サッカー界であたりまえに使われている用語を掘り下げ、再定義したいと思います。


まず「攻撃におけるいいプレー」とは何でしょう?

答えは簡単ですね。

「得点につながるプレー」です。

競技サッカーにおいて実用的と言える**「得点へのプロセスとなるプレー」**とも言い換えられます。

得点はオウンゴールなどのアクシデントを除いて、一般的にシュートによって生まれます。

では、シュートを打つために何が必要でしょう?

攻撃とはシュートまでの道をつくって、その道の上にボールを走らせることなのです。

当然ながら地図のように最初から道が描かれているわけではありませんから、足元の技術だけでなく、目まぐるしく変わる状況の中で最適なルートを見出す「サッカー脳」が必要です。

それらサッカーの攻撃に必要な能力をすべて書き出すと、次のようになるでしょう。

- **キックコントロールスキル**
- **ボールコントロールスキル**

・ポジショニングスキル
・タイミングスキル
・ベクトルスキル
・インテリジェンススキル
・ドリブルスキル
・ランニングスキル

この8つのスキルについて、一つずつ見ていきたいと思います。

(1)キックコントロールスキル

狙った場所に思い通りの強さでボールを蹴る技術。より細かく言えば、「止まっているボールを蹴る技術」、「自分に近づいてくるボールを蹴る技術」、「自分から離れていくボールを蹴る技術」に分けられます。

(2)ボールコントロールスキル

次のプレーに移りやすい場所にボールを置く技術。スペイン語の「コントロール・オリエンタード」(次のプレーを意識したボールコントロール)という用語が、日本でも普及してきたと思います。

ただ試合では相手がいるので、いつも自分が置きたい場所に置けるわけではないですよね。そういうときに有効なのは、「前向きの選手にボールを渡す」プレーです。

この代表例がレイオフ(くさびのパスを受けた選手がワンタッチで3人目の選手に落とすプレー)です。現代サッカーではハイプレスをかわすうえで欠かせない手段になっていますよね。

「蹴球学」では、「前向きの選手にボールを渡す技術」もボールコントロールスキルのうちだと考えています。

(3)ポジショニングスキル

チームやシステムによって最適なポジショニングの定義は変わりますが、これまで紹介した「正対理論」と「CPEの原則」に照らし合わせてみると明らかです。ボール保持からチャンスをつくるチームはシステムが何であってもその二つの現象が試合中に多発します。

(4) タイミングスキル

講義3のWaiting Point論で説明したように、相手ゴールに近づくほど、最初からパスを受けられる位置に立っている場合は相手に次のプレーを予測され、事前にマークにつかれたり、パスを受けたあとに素早く寄せられたりします。

そこで相手の背後2、3歩後ろの「死角」で待っておき、「緩急」をつけて最適なタイミングでパスコースに現れることが重要です。それがタイミングスキルです。

ある受け手が敵にマークされているとき、あえて他の敵にマークされている味方に近づくという揺さぶり方があります。

たとえば受け手Aが相手センターバックBにマークされているとしましょう。

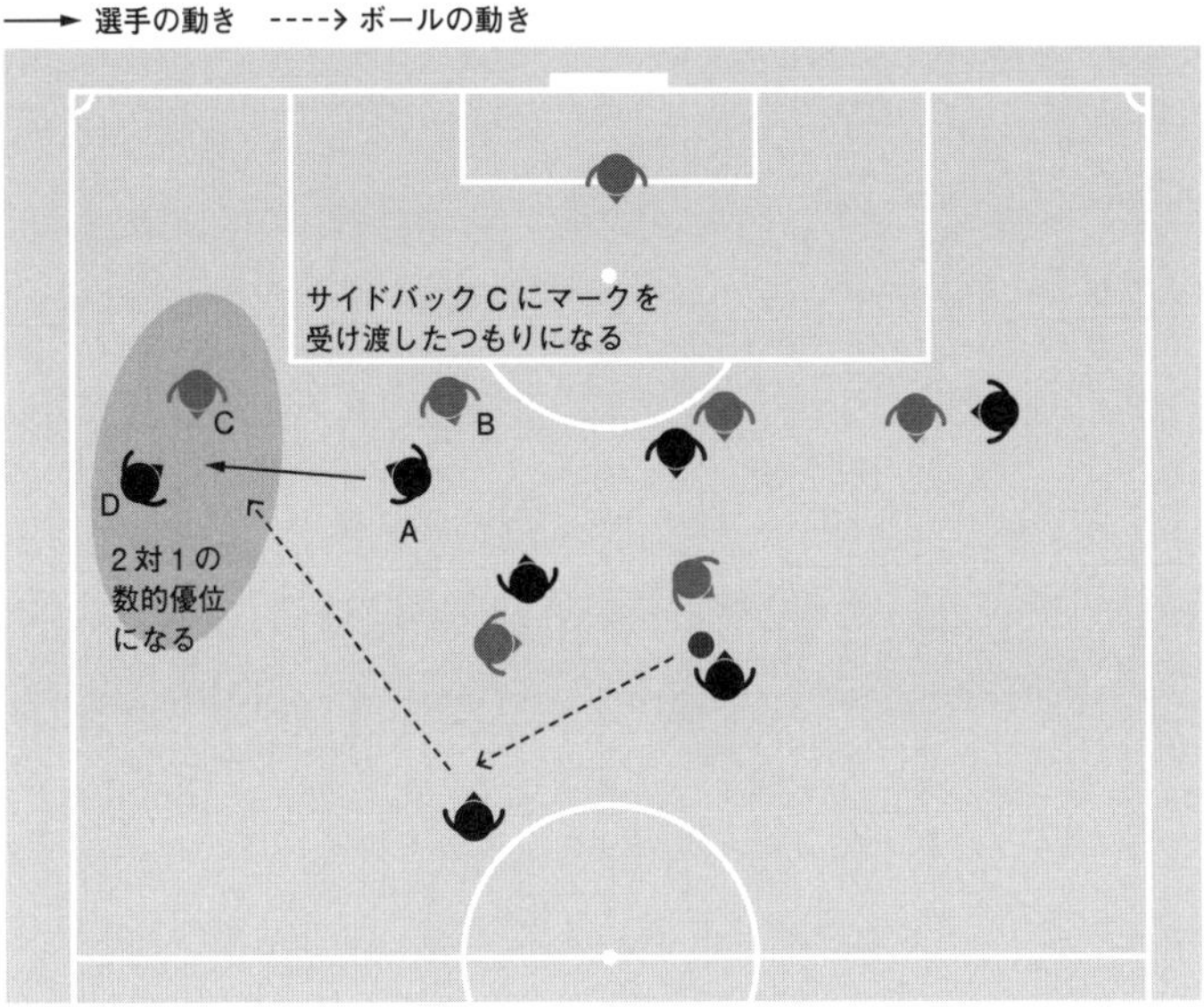
選手の動き
ボールの動き
サイドバックCにマークを
受け渡したつもりになる
C
B
D
A
2対1の
数的優位
になる

Aが、タッチライン際で相手サイドバックCにマークされている味方Dに近づくとどうなるでしょうか？　しばしば敵BはCへマークを受け渡したつもりになって、Aについていかないという現象が起こります。そうなるとA＋D対Cになって2対1の数的優位になりますよね。

「マークの受け渡しミスを利用した2対1」もタイミングスキルのひとつです。

(5)ベクトルスキル

いわゆる最適な体の向きをつくる技術です。ボールを持ったときに自分にプレッシャーをかけてくる相手へ「正対」することがまさにそうです。

また、ボールと敵を同一視野に収めるために半身になるといったことも、ベクトルスキルのひとつです。

(6)インテリジェンススキル

最適なポジションを取っている選手・取ろうとしている選手を見つける技術。いくらキック精度が高くても、相手の罠にはめられている味方にパスをしてしまったら攻撃はうまくいきませんよね。

よりゴールに近い位置でフリーになっている選手、よりゴールへ顔を向けてプレーできる選手、といった優先順位を瞬時に判断することが求められます。

インテリジェンススキルが高い選手は、チャンスを増やしてピンチを減らすためにすべきことがわかっています。

(7)ドリブルスキル

ドリブルの際に相手の重心を見極め、揺さぶることで逆を突いて抜き去る技術です。

よく日本の育成年代で「ボールを持ちすぎるな」という指示がベンチから飛びますが、前方にいる受け手全員がマークされていたら、ボールホルダーがボールを持ち運んだ方がいいときもあります。相手を引きつけたり、相手のマークを惑わせたりするドリブルも、ドリブルスキルのひとつです。

⑻ランニングスキル

ここまであげてきた7つのスキルを発揮するために最適のスピードを選択する能力です。

たとえば相手DFラインの裏へ飛び出すときはトップスピードがベストですが、パスを受ける瞬間は減速しておいた方がコントロールしやすくなります。ランニングスキルは「スピードスキル」とも言えるわけです。

どういう軌道で走るかもランニングスキルに含まれます。オフサイドにならないように裏へ走る「プルアウェイ」（バイタルエリアから弧を描くように膨らむ動き）はまさにそうですね。

こうやって攻撃に必要な能力を言語化すると、選手に何が足りないかも言語化しやすくなるでしょう。

たとえば「あのストライカーは裏抜けのタイミングスキルはあるけど、ランニングスキルがないから裏で受けてもボールが止まらない」というようにです。

ある選手の攻撃がうまくいかないときに、８つのスキルをチェックすると不調の原因が見えてくるはずです。

まとめ

・日本とヨーロッパトップの違いは「サッカー脳の育成」への向き合い方。
・競技としてのサッカーにおけるうまさとは実用性（得点につながるプレー）である。
・8つのスキルは選手評価や選手ごとの適切な指導に使える。

講義8　4バックと3バックどっちが強いか？

◎4バックと3バック、強いのはどちらか？　サッカーファンの間でよく議論になるテーマだろう。
◎たとえばW杯が開催されるたびに、どちらのシステムが主流だったかが話題になる。本講義では両システムのメリットとデメリットを整理し、この論争に決着をつける。

僕が生配信をしているとき、よく訊《き》かれる質問があります。

「4バックと3バック、どちらが強いと思いますか？」

多くの人がそうやって疑問に思っているのは、長らく4バックがオーソドックスだったところに、3バックを使うチームが増えてきたことが関係しているでしょう。

今回は4バックと3バックのメリット・デメリットを紹介して、各チームがそれぞれのシステムを選んでいる理由がわかるようにしたいと思います。

最初に断っておくと、ここで「4バック」、「3バック」というのは守備時の初期配置のことを示しています。

また、「3バック」はウイングバックがDFラインに入って実質的に「5バック」になるのが一般的なので、「3バック」＝「5バック」ということを念頭に置いて読み進めてください。

4バックのメリット・デメリット

それでは4バックから始めましょう。

まず4バックと一口に言っても、アンカーを置くか、置かないかで話が変わってくる部分があります。

難易度がより高いのは前者、アンカー1人のみのときです。

なぜならDFラインの前のスペースを、アンカー1人で埋めることが求められるからです。アンカーだけでカバーしきれない場合、センターバックが前に出なければならず、それによってDFラインが乱れやすくなります。

また、アンカーはライン間の「掃除」だけでなく、DFラインにできた穴に降りて、視野を取りづらい中でのプレーも求められます。

カゼミロのような特別な選手がいれば別ですが、なかなかアンカー1人で守備を安定させるのは難しいんですよね。そこでDFラインの前に2人、もしくは3人の守備的MFを置くのが一般的になっています。

たとえばリバプールはファビーニョがアンカーのように思われますが、チアゴ、ファビーニョ、ヘンダーソンの3人がスライドしながら守るので、実際には3センターという言い方の方がしっくりきます。

レアル・マドリーも前からプレスをかけにいくときは、インサイドハーフのモドリッチが前に出て、出なかった方のインサイドハーフがアンカーの選手と2センターを組み、4－4－2のような形になることが多いです。

つまり、初期配置で1アンカーにしていても、実質的には守備的MFが2人以上になっているケースが大きな割合を占めます。

ですので、ここではDFラインの前を2人以上で埋めている4バックを想定したいと思います。

4バックの攻撃面のメリットは大きく2つあります。

4バックの攻撃面メリット① 前線のポジションチェンジがしやすい

4-2-3-1のシステムで前線にセンターフォワード、トップ下、両サイドハーフがいて、彼らが大胆なポジションチェンジをしたとしましょう。

そのときボールを失っても3バックほどの混乱は招きにくいです。

なぜなら4バックの場合、前線のポジションにはDFのようなスペシャルな守備力を求められるわけではないので、入れ替わった先で守備をすることになってもやるべきことはあまり変わらないからです。

たとえばセンターフォワードの選手がボールロスト後、一時的に右サイドハーフの位置で守備をすることになっても、全体の守備力に大きな影響はないですよね。

このような理由で、４バックはポジションチェンジをしやすいのが特徴です。

一方、３バックだとそうはいきません。ウイングバックは守備のときにＤＦラインに入らなければならないからです。

もしウイングバックがペナルティーエリア内に上がってボールロストし、代わりにセンターフォワードがウイングバックになったら、守備力の低下は否めません。そんな状況を起こしてはいけないですよね。

４バックの攻撃面メリット②　可変をしやすい

４バックは３バック（＝５バック）よりもＤＦが１人少ない分、中盤・前線に選手が多いシステムになっています。言い換えれば、テクニカルなキャラクターの選手の数が多くいるわけです。

その特徴を利用しない手はありません。攻撃時にアンカーがセンターバックの間に落ちたり、インサイドハーフがサイドバックとセンターバックの間に移動したりすると、相手を混乱させ、ビルドアップをしやすくなります。

「蹴球学」では前者を「アンカー落ち」、後者を「クロースロール」と呼んでいます。これについては次の講義で詳しく触れることにしましょう。

一方、3バックはポジションごとに役割がはっきりしており、4バックより可変が難しくなっています。

センターバックの3人に中盤もできるようなプレス耐性を持つ選手がいることは稀《まれ》で、1列上がってMF的なパスさばきを求めるのは酷です。また、ウイングバックはアップダウンを繰り返す能力が基本で、中央に入って360度の視野でプレーしろと言ってもできる選手は少数派です。

4バックの守備面のメリットは2つです。

4バックの守備面メリット① ボールを中心に布陣したバランスの良い配置

欧州における4バックの一般的な守備は、前線の選手が相手ボランチを抑えながらボールにプレッシャーをかけ、サイドにパスを出させて「同サイド圧縮」で奪うというものです。前線・中盤に人数が多いのでピッチを幅広くカバーできます。

3バックでも「同サイド圧縮」はできますが、たとえば5－2－3で同じやり方の守備をする場合、前線の「FW3人＋MF2人」に相当な持久力が求められ、ウイングバックが前に出ていく場合もDFライン5枚全体のスライドが必要になるので、初期配置の持ち場からかなり離れます。

4バックの守備面メリット②　後方が重くならない（カウンターに人数を割ける）

4バックの方が5バックよりもDFラインの人数が少ないので、前方に人を残しやすくなります。すなわちボールを奪ったあとにカウンターにかけられる人数が多くなります。

ちなみに3バックは「カウンターの人数不足」というデメリットを、個人の能力で解決することが多いです。

たとえばアントニオ・コンテが率いていた時代のインテルは、ルカクがパワーでボールをキープしたり、スピードに乗ってサイドに流れたりして、少人数のカウンターを成立させていました。さらにハキミ（現ＰＳＧ）が右サイドを駆け上がってスピードに厚みを加えていました。

ただし、そういう特別な個人をそろえるにはお金がかかりますから、一般論として４バックの方が、サイドハーフがＤＦラインに吸収されないのであればカウンター要員を前線に残しやすいというメリットがあります。

では、４バックのデメリットも見ていきましょう。

４バックの攻撃面デメリット／ノープランだと機能性が低い配置になりやすい

４バック最大の問題点は、監督が攻撃に関してノープラン（またはデザイン性が希薄）だと、ボール保持時の配置がめちゃくちゃになってしまうことです。

最もよく起こるのが、両サイドバックが低い位置で張って（サイドフロント）ボールを受けプレスの餌食になる。もしくは両方とも上がって最終ラインがセンターバック２人だけになってしまい、センターバックからサイドバックまでの距離が遠く、パスは出せるもののボールが動いている間に相手に詰められ、サイドバックがプレスにはまってしまうという状況です。

そう、講義2で取り上げたテーマですね。サイドバックがペナ幅に立つというやり方を説明しましたが、残念ながらできている監督は少数派です。

仮に個人のセンスでMFが後方に落ちてパスコースをつくっても、他の選手が連動していなければ中盤の人数が減り、パスが引っかかったときに危険なカウンターを食らいやすくなってしまいます。

4バックの守備面デメリット① サイドバックのクロス対応

DFラインの人数が少ないので、シンプルにDF一人ひとりにかかる負担が大きくなっています。たとえばサイドからクロスを上げられたときに、ファーサイドのサイドバックは味方のセンターバックの背中を守らないといけません。

しかしながら、サイドバックはスピードと運動量を売りにするタイプが多く、高さが売りのタイプは稀です。どうしてもクロス対応で後手に回り、相手の狙いどころになってしまいます。

4バックの守備面デメリット② センターバックの迎撃守備がしづらい

センターバックが前に出て相手を潰すことを「迎撃」と言います。バイタルエリアを守るうえで不可欠なアクションです。

ところが4バックはセンターバックが2人しかいないので、「迎撃」をしたときに他のDFがスライドして絞らないと穴が開いてしまいます。そのため穴ができるのを恐れて、センターバックが「迎撃」を躊躇したり迎撃後に空いたスペースを他の選手がカバーできていなかったりすると、ピンチになってしまう傾向があります。

4バックの守備面デメリット③ フロントエリアの守備が弱いと致命的

センターバックが「迎撃」しないで済むように、なるべく相手にいい形でバイタルエリアを使わせたくありません。そのために必要なのがフロントエリアの守備です。FWがしっかり守備に参加して、フロントエリアで相手に圧力をかけ、ビルドアップを「外回り」にさせることが重要です。

これを実行できなかったのがアンドレア・ピルロ時代のユベントスでした。ピルロはクリスティアーノ・ロナウドと組ませる選手にフロントエリアの守備のタスクを徹底できず、そこを起点にチャンスをつくられてしまったのが10連覇を逃した大きな理由の一つでした。

４バックの場合、フロントエリアの守備が弱いと致命的です。

こうやって４バックのメリット（デメリット）を整理すると、４バックこそが最強に思えてきますが、当然ながら３バックにもメリットがあります。

すでに４バックとの比較のために３バックのデメリットもいくつか登場させたので、既出のものは簡単に触れるに留めたいと思います。

３バックのメリット・デメリット

３バックの攻撃面メリット／５エリアが整理されやすい

「５レーン理論」は場所基準のため、実際に使おうとするといろいろと不都合が起きます。そこで人基準の「5エリア」を定義し、各エリアを攻略する重要性を講義1で説明しました。

3バックの場合、3-4-2-1や3-1-4-2などいろいろなバリエーションがありますが、いずれにしてもウイングバックが大外で高い位置を取り、他の攻撃者3、4人が内側にいるので「5エリア」を埋めやすいシステムになっています。

攻撃のデザインが得意でない監督が、3バックを使った途端にうまくいき出すのは、「5エリア」が整理されて相手の嫌がるところに人が配置され、ボールが配球されるからなんですね。

3バックの守備面メリット① 自陣ゴール前に人数が多い

3バックの守備面メリット② 迎撃守備がしやすい

3バックの守備面メリット③ ハーフゲートを塞《ふさ》ぎやすい

5バックという言葉からもわかるように、最大の利点は4バックよりもDFラインの人数が多いことです。

最終局面で崩されづらく、クロス対応もセンターバックが3人いるので跳ね返しやすくなります。

また、DFラインに5人そろっているので、1人がバイタルエリアに飛び出しても他の選手がカバーしやすく、「迎撃」しやすいのが非常に大きなメリットです。

5人が横に並ぶと「ハーフゲート」がおのずと狭くなり、そこへのパスを塞ぎやすくなります。ニアゾーンラン（攻撃者がハーフゲートをフリーランで抜けること。サイドバックの場合はインナーラップとも言う）をされても対応しやすくなります。

3バックの攻撃面デメリット①ポジションチェンジをしづらい

3バックの攻撃面デメリット②可変をしづらい

すでに書いたように、3バックでは「ウイングバックは大外のアップダウン」、「センターバック3人は後方での守備」というように、ポジションごとに役割がはっきりしています。ですがその分、ポジションチェンジや可変がしづらくなっています。パスカル・グロスやリコ・ルイスのようにWBでも中盤でもプレーできるタイプがいれば話は別ですが、そういう選手がいるチームは限られていますよね。

3バックの守備面デメリット①　ボールを中心にしたバランスの悪さ
3バックの守備面デメリット②　後方が重くなりカウンターに人数を割きづらい
3バックの守備面デメリット③　ラインコントロールが難しい

5バックは5人の息をそろえなければならない分、4バックよりもラインコントロールが難しくなっています。たとえば相手に深くまで攻め込まれてバックパスを出されたときに、5人中4人はラインを上げたのに、1人だけ上げておらず、ギャップが生まれてしまうという現象がよく起きます。そのときクロスを上げられるとオフサイドを取れないため、失点の可能性が高くなってしまいます。カタールW杯のスペイン戦で、まさに日本はそれに似た形からアルバロ・モラタに先制点を決められました。

	攻撃面 メリット	攻撃面 デメリット	守備面 メリット	守備面 デメリット
4バック	①前線のポジションチェンジがしやすい ②可変をしやすい	ノープランだと機能性が低い配置になりやすい	①ボールを中心に布陣した配置バランスの良さ ②後方が重くならない（カウンターに人数を割ける）	①サイドバックのクロス対応 ②センターバックの迎撃守備がしづらい ③フロントエリアの守備が弱いと致命的
3バック	5エリアが整理されやすい	①ポジションチェンジをしづらい ②可変をしづらい	①自陣ゴール前に人数が多い ②迎撃守備がしやすい ③ハーフゲートを塞ぎやすい	①ボールを中心にしたバランスの悪さ ②後方が重くなり、カウンターに人数を割きづらい ③ラインコントロールが難しい

攻撃側の視点に立てば、5バックの攻略には「横方向の揺さぶり」と「縦方向の揺さぶり」の掛け算が有効なのです。

ここまでにあげた4バックと3バックのメリット・デメリットを上の表にまとめました。

一言でまとめると次の通りです。

・4バック＝アドリブと個の力が求められる

・3バック＝役割分担がはっきりしている

4バックは攻守において「誰が出て、誰が下がる」といった個人の判断を求められる場面が多く、臨機応変さが必要です。噛み合えばものすごいパワーを生み出しますが、噛み合わないと崩れやすい。

一方、3バックは攻守において「誰が何をするか」という役割がはっきりしており、チームとして形になりやすいです。資金力が乏しくても一芸に秀でた選手を集めて組み合わせれば、一定の機能を持ったチームにできます。

では、スター選手がそろっているチームには、どちらのシステムが向いているでしょう？

もし役割が固定された典型的な3バックをやらせたら、選手の判断を制限する型を選んでいるため反発が起きるのではないでしょうか。現に3バックを愛用するコンテは自由を愛する選手が多いブラジル人と揉めがちですし、ナーゲルスマン（前バイエルン監督）も3バックを使用し出した時期にチーム内で反発が起きたというニュースが出ました。

レアル・マドリーやバイエルン・ミュンヘンが伝統的に4バックをメインにし

ているのは、この特徴が関係していると思います。

さて最初の問いに戻りましょう。

4バックと3バック、どっちが強いか？

僕の答えは、

「どのチームでも平均的に強くしやすいのが3バック。タレントを有したアドリブ的な感性を尊重する最強チームをつくるのにふさわしいのが4バック」です。

まとめ

- **3バックは攻守において選手の役割がはっきりしやすい構造になっており、4バックはアドリブが許容しやすい構造になっている。**
- **選手の質と監督の具体的なプランが求められる4バック。**
- **選手や監督の質が相対的に劣るチームでも結果につながりやすいのが3バック。**

講義9　クロースロールとアンカー落ちを使いこなす方法

◎攻撃時に4バックのサイドバックが低い位置で外に張るデメリットを講義2で説明したが、まだ多くのチームが慣習的にそれをやっているのが実情だ。
◎ただ、その問題を解決する方法がある。本講義では「ダウン3」と呼ばれる4バックから3バックになる可変について解説する。

前回の講義の中で「アンカー落ち」と「クロースロール」という用語が出てきました。今回はそれに「アシンメトリー」を加えて、この3つのアクションについて話をしたいと思います。

どれも4バックから可変して一時的に3バックになるというもので、ひとまとめにして「ダウン3」と呼んでいます。

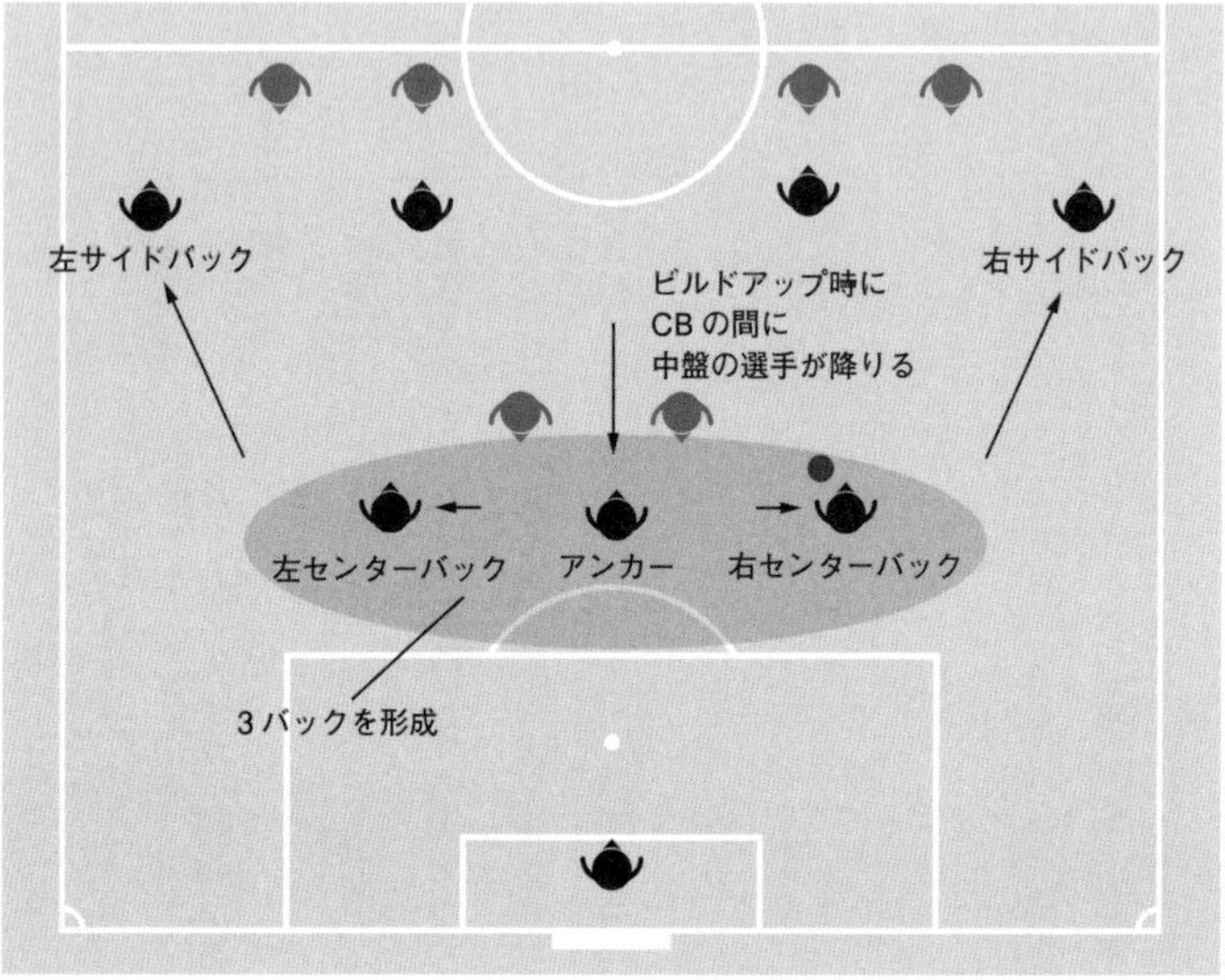

▼アンカー落ち
ビルドアップ時に、中盤の選手がセンターバックの間に降りるアクション。
アルゼンチン出身の指揮官リカルド・ラボルペが考案したと言われており、スペイン語で「サリーダ・ラボルピアーナ」という名前がつけられている。

ペップ・グアルディオラはバルセロナの監督時代、アンカーのセルヒオ・ブスケツがセンターバック間に降りてビルドアップをするスタイルを築きました。

▼クロースロール
ビルドアップ時に中盤の選手が、サイドバックとセンターバックの間に降りるアクション。
トニ・クロースがレアル・マドリーでこのアクションをしばしば行うことが名前の由来。センターバックからサイドバックの距離が長くなって直接パスを出せないときに、中盤の選手がクロースロールで降りると中継点になれる。

カタールW杯を目指すアジア最終予選では、右インサイドハーフの田中碧が個人の判断で右センターバックの脇に降りてこの動きをよくしていました。

▼アシンメトリー
片方のサイドバックが上がり、もう片方のサイドバックはDFラインに残ってスライドし、3バックを形成するアクション。英語でアシンメトリーは「非対称」の意味。

ドイツ代表はカタールW杯の日本戦において、左サイドバックのダビド・ラウムが高い位置を取り、右サイドバックのニクラス・ズーレが最終ラインに残って非対称の可変で3バックを形成しました。

「アシンメトリー」は厳密には中盤から降りる形ではないですが、便宜《べんぎ》上「ダウン3」に含めることにします。

まずは「ダウン3」のメリットを整理しておきたいと思います。

「中盤から1人降りて3バックになる」利点は次の通りです。

・相手が2トップでプレスをかけてきたときに数的優位になれる。
・降りた選手は前向きにボールを持ちやすい。
・最終ラインの選手同士の距離が近くなり、サイドチェンジしやすくなる。
・最終ラインとファジーゾーンをつなぎやすくなる。

ようは講義2で説明した3バックのビルドアップ時のメリットですね。

ただし、何の考えもなしにアンカーがセンターバックの間に降りたり、インサイドハーフがセンターバックの脇に降りたりしても、その可変は機能しません。「いつ降りるか」というタイミングが極めて重要です。

では、いつ降りればいいのか？

そもそもの前提として「降りること」が目的になってはいけません。ビルドアップの目的はボールを前進させることです。センターバック2人にそれほどプレッシャーがかかっていなければ、無理に降りるべきではなく、むしろ中盤の「ポイント」に立ってパスコースをつくる方がチームにとってプラスです。「このままだとはめられる」と危険を察知したときのみ、パスコースをつくるために降りるべきなのです。

たとえば「クロースロール」だったら、ひとつ目安になるのは逆サイドから自分がいるサイドへパスがつながってくるときです。

クロースが左インサイドハーフで出場していたとしましょう。レアルの右サイドバックが右センターバックにパスを出した瞬間、クロースはサイドステップで斜め後ろに下がり始めます。そして右センターバックが左センターバックにボールを渡したときには「左センターバックと左サイドバックをつなぐ位置」への移動を終えています。

逆サイドにボールがあるときから降りているのではなく、ボールが移動している間に降りるのです。

ここで重要なのは「早く降りすぎない」のと「体の向きを確保する」ということです。

早く降りすぎるとサイドバックが引きつけた選手がクロースロールで降りてきた選手にまたマークに行ける状況整理が行われてしまいます。

そして体の向きを相手ゴール側に向けていないと視野を確保できず、プレスの狙いどころとなってしまいます。

また、「ダウン3」を成立させるうえで絶対に欠かせないのが、他の選手がしっかりポジションを取り直してパスコースをつくることです。

「アンカー落ち」で中盤の選手が最終ラインに降りたら、インサイドハーフがボランチまで落ち、ウイングが中央に絞って「ハーフバイタル」を取ることが必要です。代わりにサイドバックが「ファジーゾーン」へ上がり、3－2－5を形成します。

「クロースロール」で左インサイドハーフが左センターバックの脇に降りてボールを持ったら、すぐさまアンカーや左サイドハーフがサポートすべきです。

「ダウン3」を成立させるには、全員がパスの展開を読み、先手、先手でポジションを修正することが求められます。

まとめ

・最終ラインに降りることが目的になってはいけない。
・降りる選手はタイミングと体の向きが重要。
・可変を成立させる鍵は、全員の先を読んだポジション修正。

講義10　効果的なニアゾーンランの使い方

◎サイドバックが味方を外側から追い越して上がる「オーバーラップ」に対して、内側から追い越す動きは「インナーラップ」と呼ばれ、現代サッカーでは多くのチームが実践している。

◎ただし使いこなしているチームとなると稀だ。どうすれば「インナーラップ」を効果的に実践できるのだろう？

僕が監督を務めるシュワーボ東京では、「正対」、「CPE」（クリティカル・ポイント・エスケープ）、「矢印」を攻撃の三原則にしていることをすでに紹介しました。さらにそれに準ずるものとして、次の8つの準原則を設けています。

すでに講義で取り上げたものは、何番目の講義で取り上げたものかを下に示しました。

▼シュワーボ東京の8つの準原則
「裏抜け」（講義3）
「ポジショニング・アピアリング」（講義3）
「フロントバック・バックフロント」（講義3）
「エリアアップ・エリアスライド」（講義4）
「ニアゾーンラン」
「クロスへの入り方」
「コネクターの5つのポジショニング」
「ファジーゾーンでの受け方」

今回の講義では、準原則のひとつである「ニアゾーンラン」を主題にして、サイド攻撃のコンビネーションについて掘り下げたいと思います。

サイド攻撃のコンビネーションには、主に次の3つの方法があります。

▼ニアゾーンラン（インナーラップ）
相手サイドバックと相手センターバックの間（ハーフゲート）を通って裏に抜けるアクション。

※一般的にサイドバックがハーフゲートを抜けたら「インナーラップ」、他の攻撃者が抜けたら「ニアゾーンラン」と呼ばれているので、本書もそれにならおうと思います。

▼オーバーラップ
相手サイドバックの外側（サイドゲート）を通って裏に出るアクション。

▼ビハインドを使ったパスからのアーリークロス
ビハインドとは自陣方向にパスコースをつくること。敵陣深くに攻め込んだあと、バックパスからすぐにクロスを上げるアクション。

この3つの手段に優劣はなく、状況に応じて使い分けるのがベストです。それぞれのメリット・デメリット・成立条件を順番に見ていきたいと思います。

▼ニアゾーンラン
メリット：ゴールに近い位置でボールを受けられる。
　センターバックを釣り出し、ゴール前のマークをずらしやすい。
デメリット：ゴールに顔を向けてパスを受けるのが難しい。
成立条件：サイドバックとセンターバックの距離が開いている。

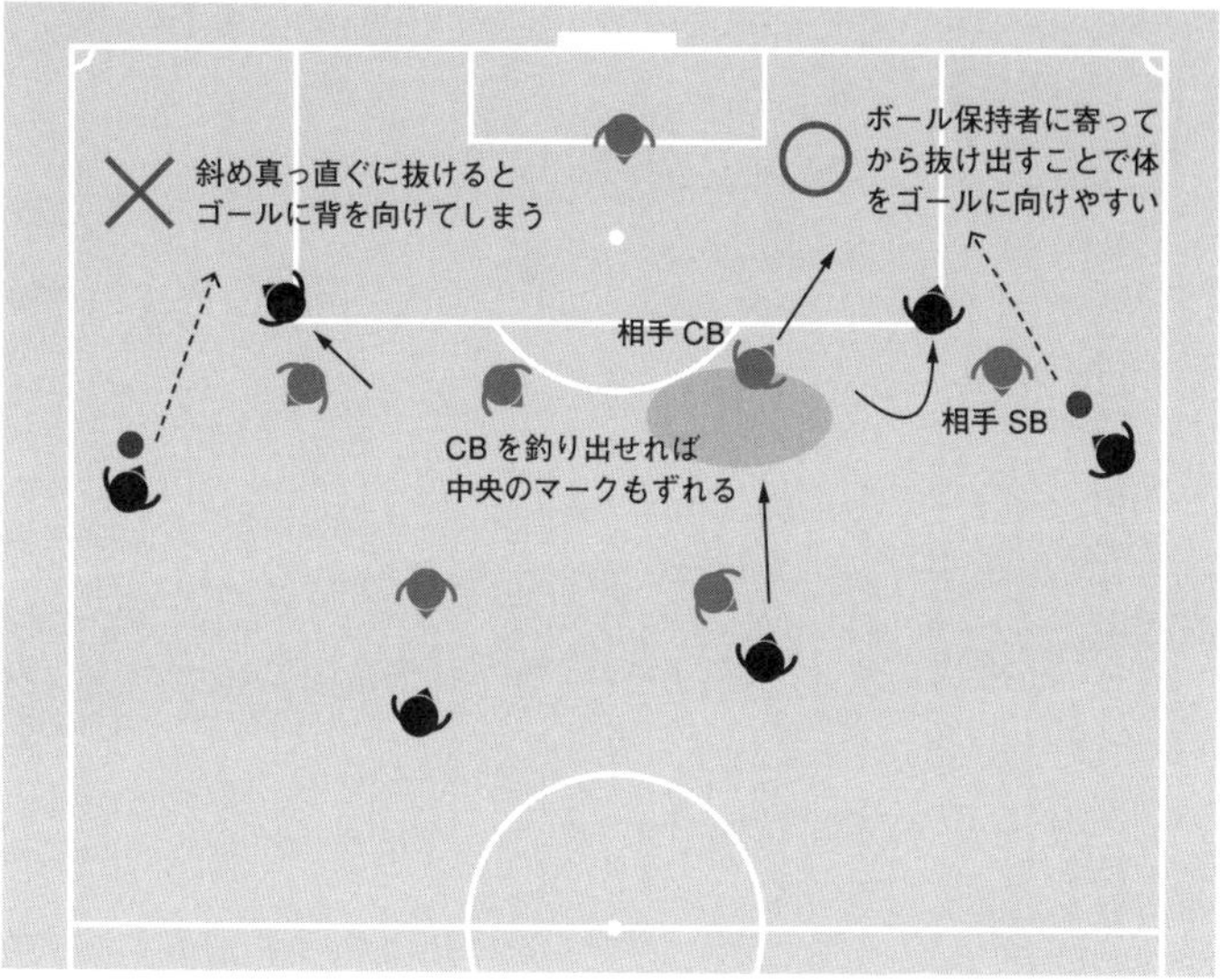
斜め真っ直ぐに抜けると
ゴールに背を向けてしまう
ボール保持者に寄って
から抜け出すことで体
をゴールに向けやすい
相手 CB
相手 SB
CB を釣り出せれば
中央のマークもずれる

「ニアゾーンラン」のメリットは、外側を通る「オーバーラップ」よりもゴールに近い位置でボールを持てるということです。多くの場合、ペナルティーエリアの中に侵入できます。

つまり相手のセンターバックに「飛び出すか、留まるか」の二択を迫れるのです。たとえ釣り出せなくても、中央のマークを混乱させられるでしょう。ただし、オフサイドにならずになおかつ相手センターバックのカバーをかわすには、絶妙なパススピードが必要です。

また、飛び出しの角度的にパスを受

けた瞬間はゴールに背を向ける形になりやすく、少しでもボールコントロールにもたつくと、敵に寄せられてしまいます。

すなわち、オーバーラップよりも高い技術が求められます。


ここで陥ってはいけないのは、「インナーラップさえすれば相手が崩れる」という思い込みです。そんなわけがありません。何の準備もなくインナーラップを仕掛けても、相手センターバックにマークされるのがオチです。

ペップ率いるマンチェスター・シティが「インナーラップ」を使いこなしているのが誤解を生んだ要因でしょう。その結果、表面的に「インナーラップ」を真似するチームが増えたように思います。僕も指導している選手から「インナーラップって結局マークされて使えないですよね？」と質問を受けたことがありました。

では、どんな準備が必要か？


1つ目は「相手サイドバックとセンターバックの距離を広げる」ことです。

抜け出したときにセンターバックとの距離が遠ければ、それだけ時間の猶予ができます。事前に左右のパスで相手を揺さぶり、相手ＤＦラインを横に間延びさせておくことが重要です。

２つ目は「受け手の体の向き」です。

フットサルで言うパラレラのように、ニアゾーンランは膨らみながら相手ゴール方向を最終的に見られる形で抜けることによって、ボールを受けた際に多くの選択肢を持ってプレー可能になります。

▼オーバーラップ
メリット：ゴールに顔を向けてプレーしやすい。
デメリット：相手に中央のマークを整理されやすい。
成立条件：裏に十分なスペースがある。
　　追い越したときについてくる選手がいない。

オーバーラップのメリットは、大外を回り込んでパスを受けるので、ゴールに顔を向けられることです。

ただし、裏に十分なスペースがないと、パスを受けてもすぐにマークにつかれてしまいます。

また、追い越したときに相手の誰かがついてくるとフリーにはなれません。

デメリットは相手センターバックは中央で待ち構えられるため、マークがずれづらいことです。得点につなげるには、高いクロス精度と中央で相手のマークを外す動きが必要です。

▼ビハインドを使ったパスからのアーリークロス
メリット：落ち着いてボールを扱える。
デメリット：相手ディフェンスはボールとマーカーを同一視野に収めやすい。
成立条件：クロスの精度が高い。

ゴール前に空中戦に強い選手がいる。

「ニアゾーンラン」と「オーバーラップ」ができないときに有効なのが、「ビハインドを使ったパスからのアーリークロス」です。

相手を押し込んでから自陣方向にパスをするので、アーリークロスを上げる選手は基本的にフリーでボールを受けられ、顔を上げて中を確認する時間的猶予を持てます。

デメリットは、相手ディフェンスがボールとマーカーを同一視野に収められること。下手にクロスを上げると弾き返され、危険なカウンターを招きかねません。クロスの精度とエリア内で駆け引きができ、空中戦に強い選手が求められます。

まとめ

・ニアゾーンランには、ハーフゲートの間延びと走る角度づくりが不可欠。
・オーバーラップはクロスを上げやすいが、中との距離があり相手マークも混乱しにくい。
・ビハインドを使ったパスからのアーリークロスは出し手のキックの質と、受け手のフリーになる能力や空中線の強さが求められる。

講義11 プレースピードを上げる「最大限の高さ」の原則

◎守備時の縦方向の距離、すなわち「コンパクトさ」はよく話題になるが、攻撃時の縦方向の距離はあまり注目されない。
◎不必要に縦方向に離れた選手がいても、ポジショニングが問題視されづらいのだ。本講義ではその「隠れた問題点」をあぶり出す。

僕が率いるシュワーボ東京では、常に原則をアップデートしています。ヨーロッパのリーグを中心にいろいろな試合を見て自分自身のサッカーについての理解が深まり、そして監督としてピッチで指揮を取り、新たに見えてくる真理があるからです。

たとえば比較的最近チームに取り入れた原則のひとつに、ビルドアップにおける「最大限の高さ」があります。

定義は次の通りです。

▼最大限の高さの原則
DFラインの選手が、前向きでボールを受けられる最大限の高さに立つこと。

ビルドアップにおいてDFラインの選手、たとえばセンターバックがパスを受けて、前方にドリブルする「ボールの持ち出し」は不可欠なアクションでしょう。たとえば相手が1トップでこちらの3バックに対してワンサイドを切ってプレスをかけてきたとき、GKを使って逆側のセンターバックにパスを出せたら、前方にはスペースが広がっているはずです。

そのセンターバックは前方にいる相手に対して「正対」しながらボールを持ち出し、二択を迫るのが定石です。相手が食いついてきたらフリーになった選手へパス、食いついてこなかったらポイントに現れた味方へパス——というように。

ただし、センターバックがボールを持ち出せたからといって、必ずしもそれが正解のアクションだったとは限りません。

たとえばセンターバックがプレスをかけられるのを恐れ、必要以上に低い位置に立っていたらどうでしょうか？

結論から言えば、それは正解のポジショニングではありません。

最初からもっと高い位置にいたら、パスが来たときにすぐに次の選手へ展開できるからです。低い位置からボールを持ち出せたとしてもその時間は「無駄」で、その間に相手は陣形を整えることができます。

そもそも対面する相手が引いていたら、センターバックは前目にポジションを取るべきなのです。

次のページでは、「いい例」と「悪い例」をそれぞれ図にしています。

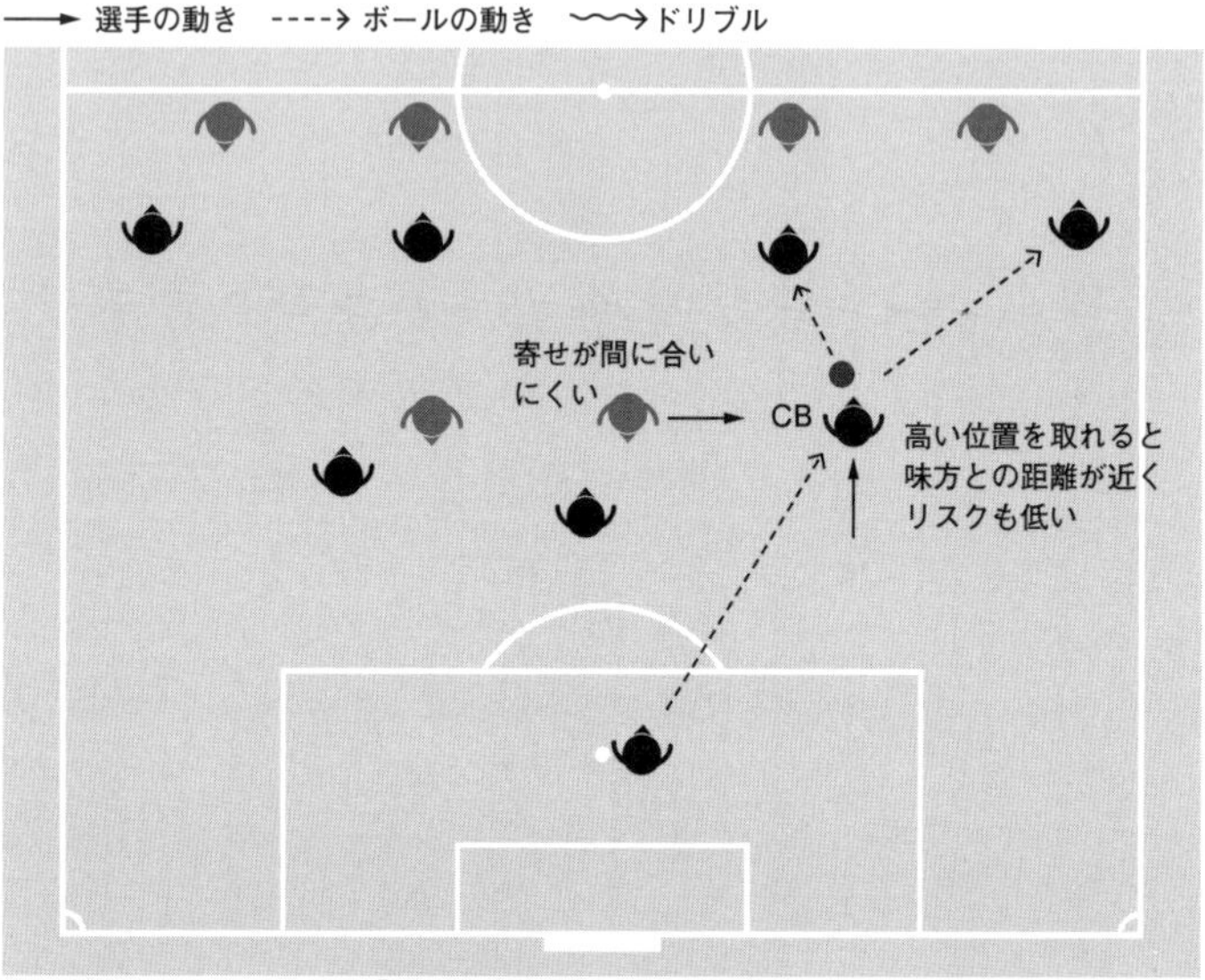

いい例：センターバックが「最大限の高さ」に立っている

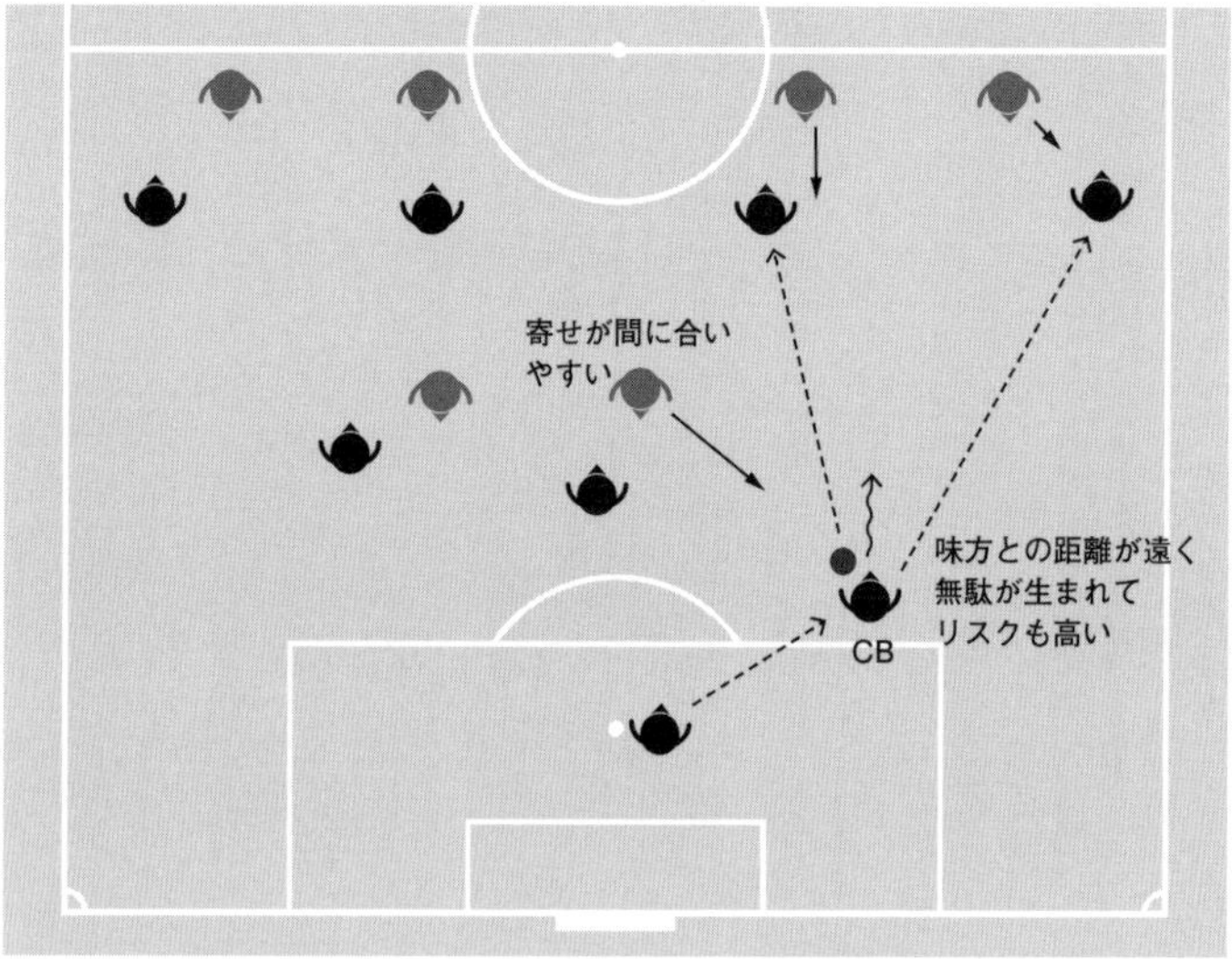

悪い例：対面する相手が引いているのにセンターバックの位置が低すぎる

ビルドアップのとき、センターバックは「自身の技術的に可能な範囲内」で、一番高い位置にポジションを取ってパスを待つべき。

それが「最大限の高さ」の原則です。

「トラップが大きくなって奪われたらどうしよう」という恐怖心はよく理解できます。相手のプレスが強かったらなおさらです。

ピッチコンディションが悪かったり、技術的に足にボールがつかないと感じたりしたら、当然それを立ち位置に反映すべきです。無理して高い位置を取ってボールを奪われたらそれは最大限の高さを超えてしまっているということです。

ボールを受ける選手ができる範囲内で「最大限の高さ」を取るのが重要です。

「最大限の高さ」には、先ほど説明したものを含めて3つのメリットがあります。

メリット① 前進するパスをすぐに出せる

対面する敵から距離を取った立ち位置でパスを受け、低い位置からドリブルで持ち出すと、相手に陣形を整える時間を与えてしまいます。一方、「最大限の高さ」で待っておいてボールを受けると、味方が近くにいるため前進するパスをすぐに出せます。

メリット② 味方との距離が近くなり、パスの難易度が下がる

味方との距離が遠いと、通すにはそれだけ強いパスが求められます。一方、「最大限の高さ」に立っていれば、味方が近いためパスの難易度が下がります。

メリット③ ボールを奪われたときに回収しやすい

ボールをロストしたときに相手により近い位置にいるため、奪い返すプレス（ゲーゲンプレッシング）に参加しやすくなります。

いい攻撃とは、自分たちの攻撃の判断をスピーディーにし、相手に守備の判断をスピーディーにさせないことです。

それを実現するうえで「最大限の高さ」は欠かせない原則です。

まとめ

・センターバックがミスを恐れて必要以上に低い位置を取ると、攻撃が遅くなりリスクも高まる。
・高い位置を取ると、ボール前進の効率を上げられる。
・それによって相手から陣形を整える時間を奪える。

講義12　得点力を高める「最小限の幅」の原則

◎攻撃で「横幅」をどれくらい使うべきか？　一般的には目一杯使うのが良いと考えられている。
◎大筋では間違っていないが、「フィニッシュワーク」の場面だけは違うアイデアを持っていた方が得点確率が上がる。本講義では「最小限の幅」の原則について取り上げる。

前回に続いて、今回もシュワーボ東京が最近取り入れた原則を取り上げようと思います。

それはフィニッシュワークにおける「最小限の幅」の原則です。

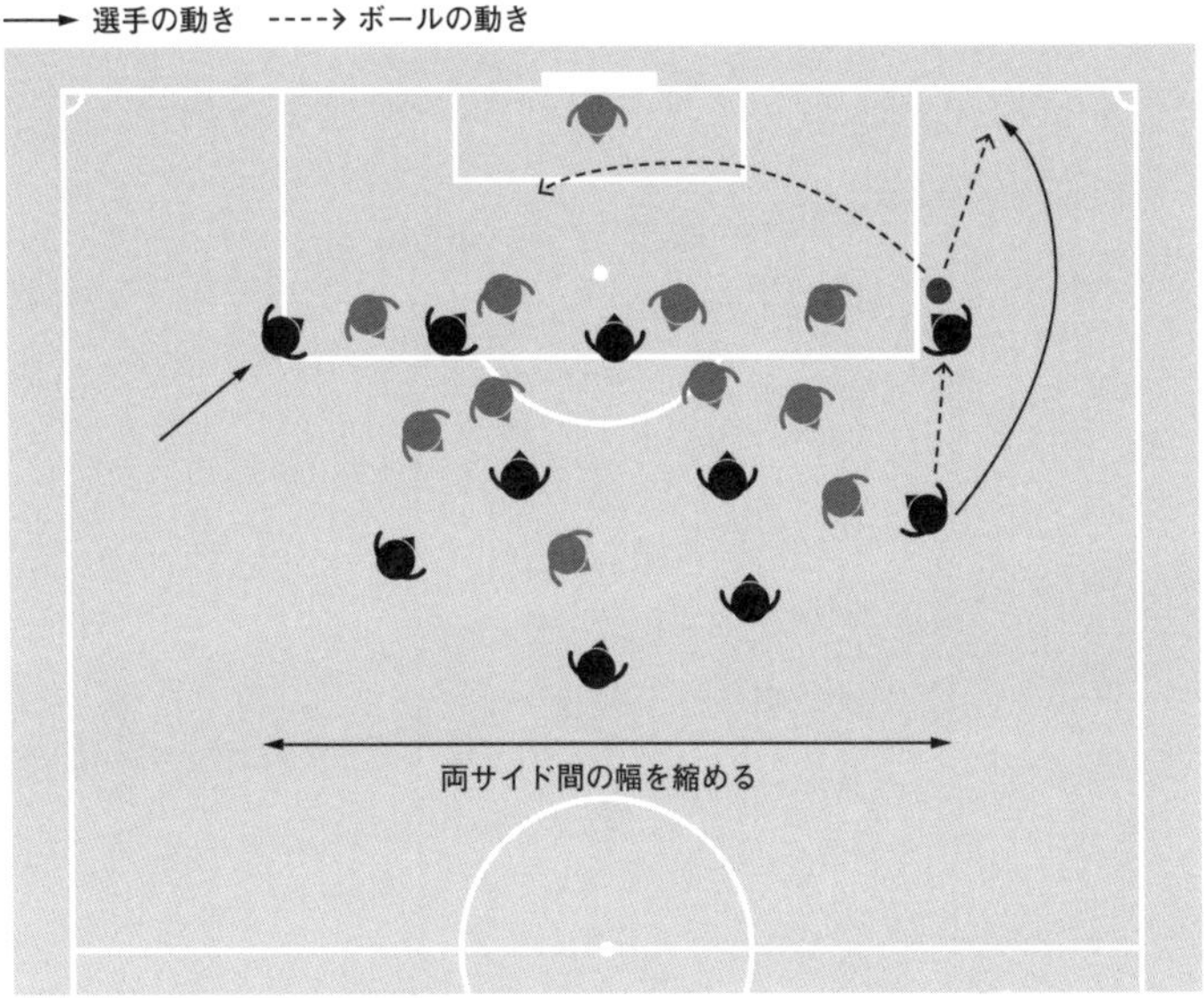

▼最小限の幅の原則
一番外側にいる選手（ウイングバックやサイドハーフ）が、相手最終ラインの選手に対して〝前向きでスピードに乗れる状態で〟ボールをもらえるぎりぎりの幅に立つ原則。それによって中央に選手が集まる状態をつくる。

上の図を見てください。両サイドの選手が絞って立ち、全員がペナ幅に集まっていることがわかると思います。

さて、この原則の話に入る前に、先に「ビルドアップ」と「フィニッシュワーク」について正確に定義しておきましょう。どちらも漠然と使われていることが多く、戦術を掘り下げるときに「解釈違い」を招きかねないからです。

僕は「ビルドアップ」と「フィニッシュワーク」を次のように定義しています。

▼ビルドアップ
パスやドリブルによって相手中盤ラインを越える行為。
▼フィニッシュワーク
相手最終ラインやGKに対して攻撃を仕掛け、シュートまで持ち込む行為。

結論から言うと、「最小限の幅」は「フィニッシュワーク」における原則になります。

「ビルドアップ」における目的は相手中盤ラインを越えることですので、「幅」を広く使うのが正解です。相手中盤ラインが間延びして隙間や横のスペースが大きくなり、それだけ通過しやすくなるからです。

一方、「フィニッシュワーク」の目的はゴールなので少し話が変わってきます。ゴールポストは中央にあり、そこから離れるほど角度が小さくなって得点確率は低くなりますよね。つまり「フィニッシュワーク」では、ゴールにボールを入れられる可能性が高まる「幅」を取ることが正解になります。それが「最小限の幅」です。

この原則を採用していることで有名なのが、ブンデスリーガ史上最年少の28歳で監督になったユリアン・ナーゲルスマン（前バイエルン監督）です。

ブンデスリーガの公式HPのインタビューで、ナーゲルスマンはこう語りました。

「〝オランダスクール〟の考えに従ってワイドにアタッカーを配置すると、しばしば次のような問題に直面する。そもそも遠くてパスを出せない。もし出せたとしてもボールが到達

するまでに一定の時間がかかり、相手に陣形を整えるチャンスを与える。ボールを失ったときに、ゲーゲンプレッシングに参加できない。だから私はピッチを縮め、ゴール近くにオーバーロード状態をつくりたいんだ。サッカーのルールでゴールはピッチの中央にあると決められているのだから、そこで強い存在感を発揮したいんだ。」

このコメントに「最小限の幅」のメリットが集約されているのですが、わかりやすいように箇条書きにしたいと思います。

メリット①パスの移動時間が短く、相手が状況を整理しづらい

もしサイドの幅いっぱいに選手が立ってそこにパスを出すと、ボールが届くまでの時間に相手が陣形を整理できてしまいます。一方、「最小限の幅」に立つと選手同士が近くなるため、パスの移動時間が短く、相手に状況を整理する時間を与えません。

メリット②　外が空いているのでオーバーラップしやすい

ウイングバックやサイドハーフが内側に絞って立つため、大外のレーンに敵味方ともにいなくなります。よって、オーバーラップしてきた選手が外側のスペースを使いやすくなります。

メリット③　ゴールに近いためシュートを打ちやすい

ウイングバックやサイドハーフも、仮にボールを受けられたら距離的にも角度的にもシュートを打つことができます。

メリット④　シュートのこぼれを拾いやすい

中央に選手が集まっているためシュートのリバウンドを拾いやすく、そこからもう1度シュートを打つことができます。

メリット⑤　中央に選手が多いため、ゲーゲンプレッシングをかけやすい

中央に選手が集まっているため、相手ボールになっても即時奪回しやすいです。

ようは「フィニッシュワーク」になったら、多くの選手で相手ゴールに襲いかかれということですね。シュートのリバウンドやゲーゲンプレッシングまで考慮に入れており、偶発的な状況までをも利用する手段と言えます。

ただし、メリットばかりではありません。

中央に選手が集まることにはデメリットもあります。

デメリット① ボールコントロールの技術が求められる

相手に近づいてプレーするため、広がりきった状態と比べてより正確なボールコントロールが求められます。

デメリット② ニアゾーンランをしづらい

相手DFラインが中央に絞ってハーフゲートが狭いため、ニアゾーンランがしづらいです。

こういうデメリットがあるため、「最小限の幅」の原則は使い方を間違えるとプレー難易度を上げてしまう恐れがあります。

たとえば「フィニッシュワークになったら常に全員がペナ幅に立つ」という感じで杓子《しゃくし》定規に捉えたら、めちゃくちゃ危険です。攻めあぐねて中央でボールを失い、カウンターの餌食になってしまうでしょう。

あくまで**「最小限の幅」というのは「ゴールの可能性が高まる幅」のことですから、臨機応変に柔軟に対応しなければなりません。**

左タッチライン際にボールがあったら、当然、左ウイングバックはライン際に立つべき。ただしその分、右ウイングバックが中央に絞って立ちます。そうすれば右タッチライン際で待っているのとは異なり、「フィニッシュワーク」に関与し続けられます。

右サイドにボールがあったら、今度は左ウイングバックが中央に絞ります。

また、相手が5バックや6バックだったら、「前向きでボールをもらえるぎりぎりの幅」はかなりタッチライン際に近い位置になるでしょう。ペナ幅に固執する必要はありません。逆に、クロスを待つ側の選手がもっと中央に絞る必要がある場合もあります。

オランダ人のエリック・テンハフ（現マンチェスター・ユナイテッド）はアヤックスの監督時代に「『最小限の幅』の原則を採用している」とインタビューで答えたことがあります。また、ペップが率いるマンチェスター・シティの「フィニッシュワーク」を見ていると、自然に逆サイドのウイングがペナルティーエリアの中に入ってシュートを狙いにいきます。

ゴールを決めるために合理的に考えたら自然と実行することを、誰もができるように言語化したのが「最小限の幅」の原理なのです。

まとめ

・ビルドアップは相手中盤ラインを越えることが目的であり、フィニッシュワークはゴールすることが目的。
・したがって状況に応じて攻撃側の幅の取り方の最適解が変わる。
・「最小限の幅」を表面的に捉えて使うと、ボールが運べなかったりシュートが打ちにくかったりと逆効果。

コラム3　理想的な「3－3－4」

↓詳しくは「講義4」

20－21シーズン、アントニオ・コンテ率いるインテルがユベントスの連覇を9で止めて11年ぶりにセリエAを制しました。このときの基本システムは3－5－2。図は23節にACミランに3対0で勝利した際の布陣です。

　ただしこれは守備時の布陣で、攻撃時には異なるシステムに可変します。ウイングバックのハキミとペリシッチが上がって2トップのルカクとラウタロ・マルティネスとともに高い位置を取り、「3－3－4」になるのです。相手がマークにつきづらく、コンテがのちに「私の最高傑作はインテルのスクデット」と言ったのもうなずけます。コンテが経営陣との対立でシーズン終了後に辞任したのが本当に惜しまれます。もっと見たいチームでした。

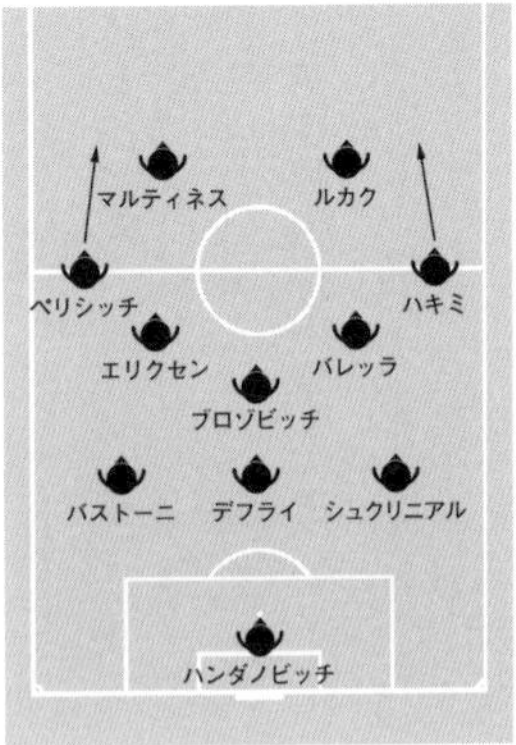

2章 守備編

講義13　相手から選択肢を奪う「同サイド圧縮」

◎「プレスを高い位置からかける」と言っても、マンツーマンプレスや外へのパスコースを切って中へ追い込む「外切り」などいろいろな考え方がある。
◎今回はヨーロッパで新たなスタンダードになりつつある「同サイド圧縮」について解説する。

ここまで主に攻撃の話をしてきましたが、本講義から守備の話に入っていきたいと思います。

最初に取り上げるのは「同サイド圧縮」。すでに講義１で少し触れましたし、YouTubeの配信でも毎回のように口にしているので知っている方も多いと思いますが、あらためて定義を書いておきましょう。

▼同サイド圧縮
どちらかのサイドにボールを追い込み、同サイドでマンツーマンに近い形でプレスをかけるという守備法。遠いサイドのマークは捨て、ボールサイドに守備者を集中させる。

「同サイド圧縮」という名前は指導現場で使うのは少々長いので、僕は「コンプレッサー」という英単語を縮めて「コンプ」と呼んでいます。

具体的に図で見た方がわかりやすいので、相手GKがボールを持っているときの「同サイド圧縮」の例を次ページに示しました。実はこれは僕が監督を務めるシュワーボ東京が採用しているやり方で、守備時のシステムは4－2－2－2です。相手の布陣は4－2－3－1だとしましょう。

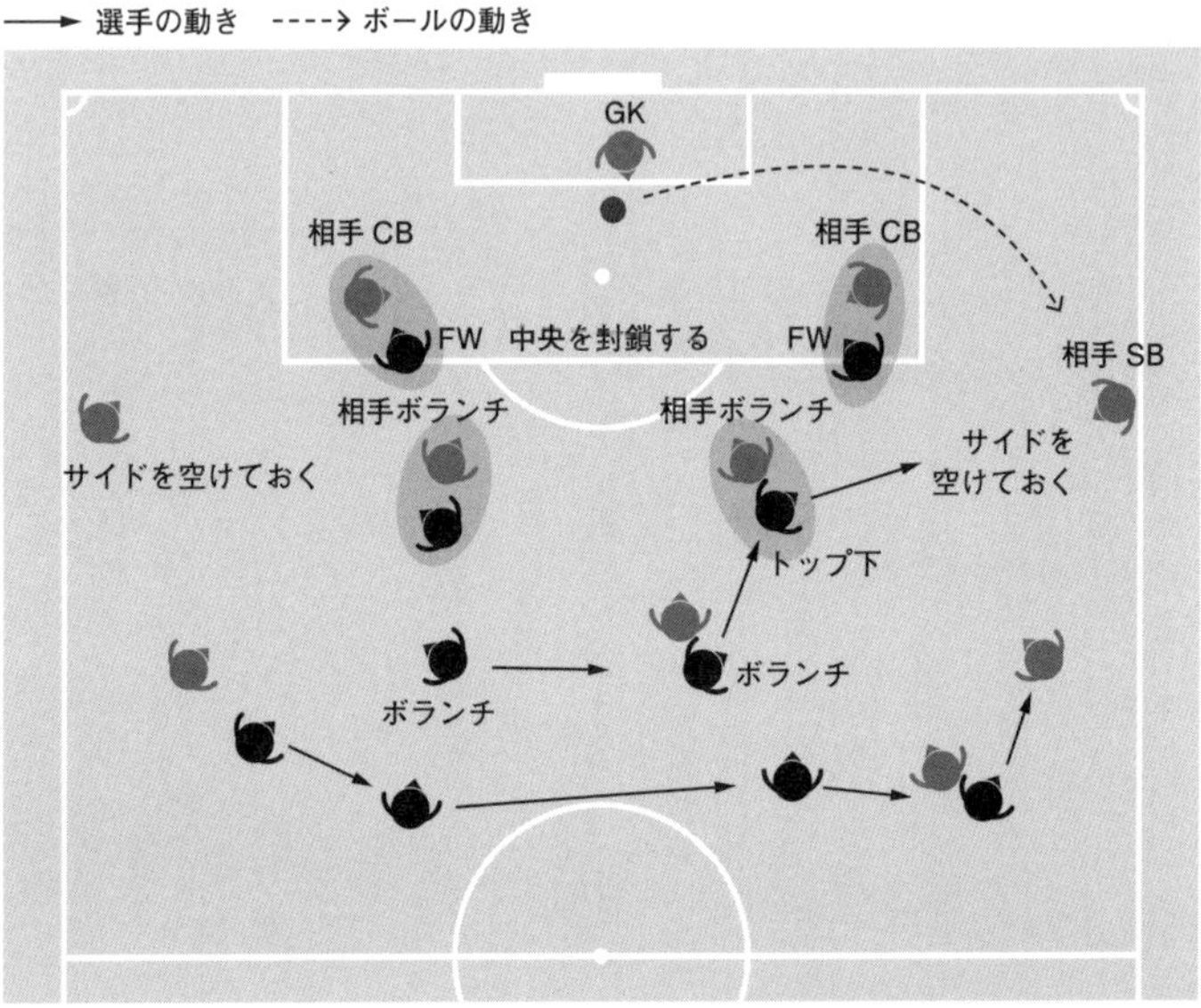

まず初期配置として、2トップが相手センターバックを、2人のトップ下が相手ボランチをケアして中央にボールが入らないようにします。いわゆる「中央封鎖」。このとき相手サイドバックへのパスコースは空けておきます。ボールをサイドへ誘導させるためです。

相手GKがこちらから見て右側へパスを出したとしましょう。相手左サイドバックのところですね。呼応して右トップ下がボールの方へ出ていき、それによって相手左ボランチが空きますが、味方の右ボランチが前に出てマークにつきます。

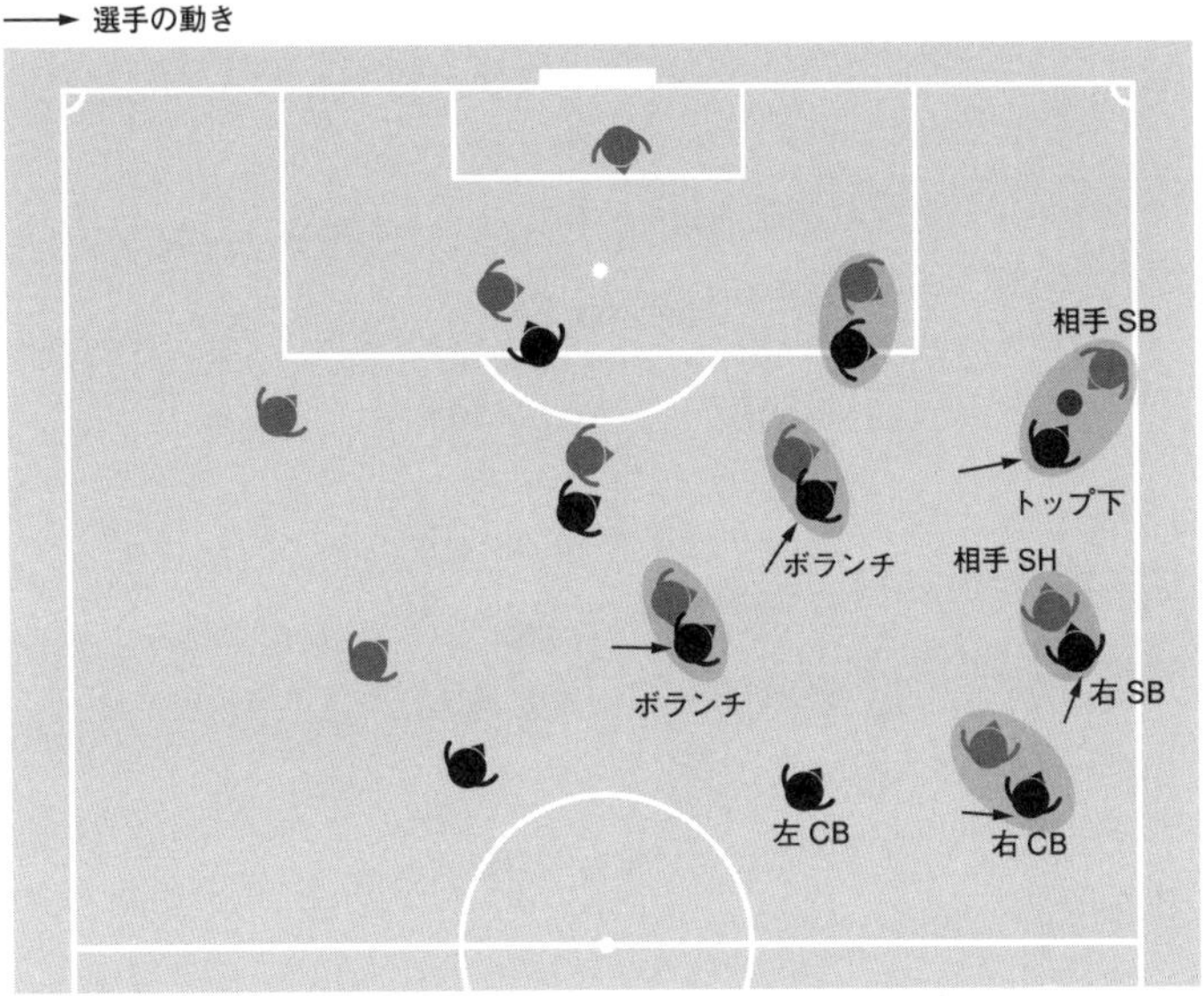

もし相手左サイドハーフがパスを受けるために降りてきたら、味方の右サイドバックがそれを追い、同時にDFラインが横にスライド。もし相手が顔を上げてロングボールを蹴りそうであれば、DFラインは後ろに下がる準備をします。

これが同サイド圧縮です。逆サイドのマークを捨て、フィールドプレーヤー全員が同サイドに寄り、マンマーク気味についているのがわかると思います。

ちなみに中央へのパスルートを封じてサイドに誘導するやり方なので、僕たちは「中央封鎖からの同サイド圧縮」と呼んでいます。

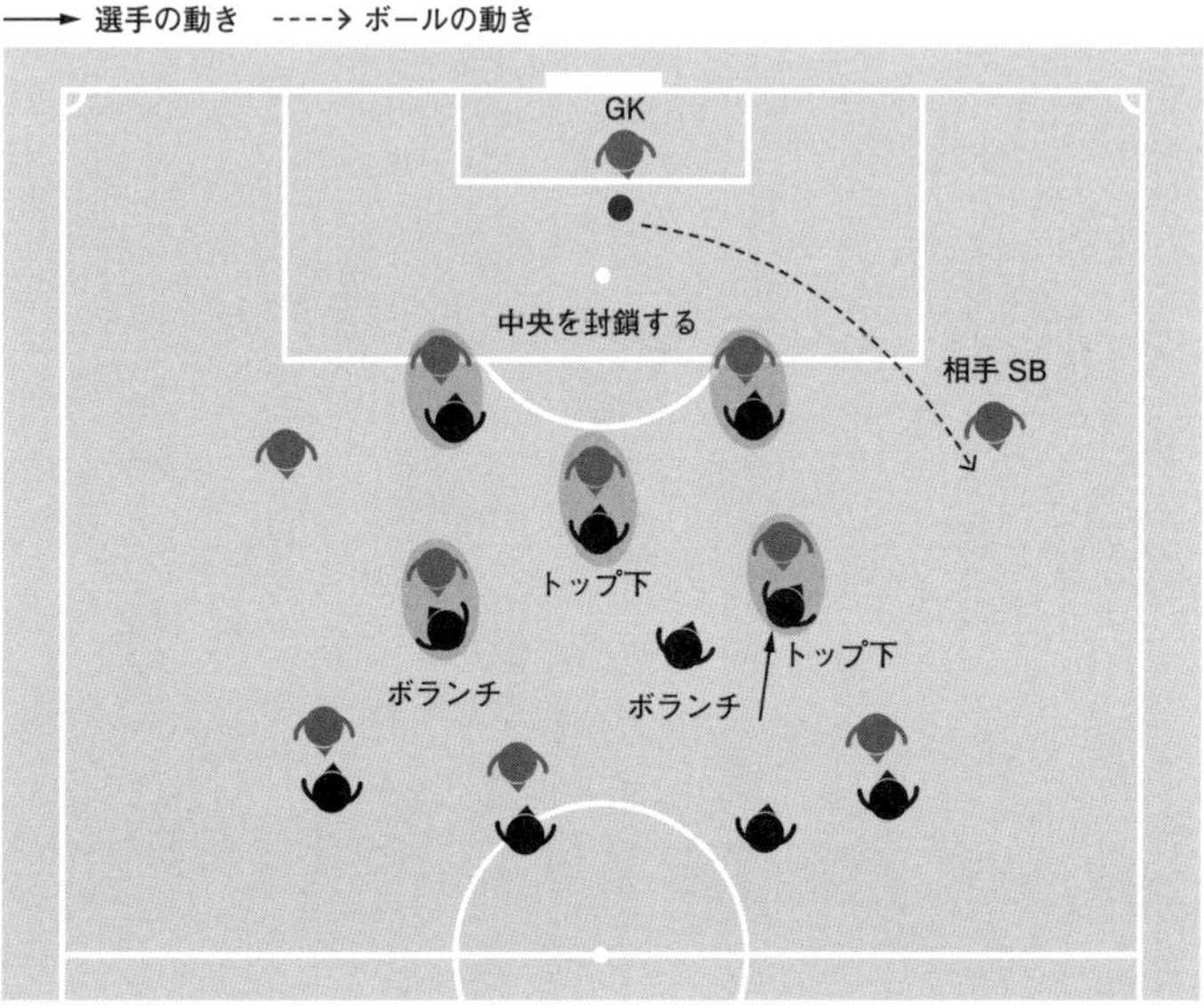

では、相手の布陣が4-1-2-3だったらどうでしょう？　相手のシステムが変わっても、中央封鎖↓片方のサイドでマンマークという基本は同じです。

上の図に2人のトップ下が相手アンカーと相手インサイドハーフの一人につき、もう一人の相手インサイドハーフにはボランチが前に出て対応するやり方を示しました。

そして相手サイドバックにパスが出たら、相手インサイドハーフについて

いた選手が外へスライドし、その分、後方で余っていたボランチが前に出ます。

上の図には示していませんが、２人のトップ下が相手インサイドハーフにつき、ボランチが前に上がって相手アンカーにつくというやり方もあります。

試合中に相手がシステムを変更してきても、チーム内で瞬時にコミュニケーションを取って中央でフリーな相手をつくらないようにマークすれば、混乱せずに「同サイド圧縮」を続けられます。

まだJリーグでは「同サイド圧縮」をしているチームは限られていますが、ヨーロッパでは多くのチームが実践しています。

たとえばマンチェスター・シティ。当然ながら対戦相手によって細かい部分は変わりますが、たとえば相手が4－2－3－1だったとしましょう。

まずセンターフォワードのハーランドが相手にサイドへパスを出させるために、ボールを持っているセンターバックに中を切るようにして近づいていきます。仮に右センターバックに向かって追い込んだとします。ハーランドから見たら左側にいる選手ですね。

トップ下のデブライネは相手右ボランチに、右ウイングのマフレズが絞って相手左ボランチにつき、相手右センターバックが相手右サイドバックにパスを出すように仕向けます。そこでシティは一気にプレスの強度を高めて左ウイングのフォーデンがボールに襲いかかります。

もしこのやり方でマフレズが絞らないと、相手左ボランチがフリーになり、相手右サイドバックはそこにパスを通すことができてプレス回避される可能性があります。

つまり、逆サイドにいる選手が「サイドチェンジされたらどうしよう」と臆して中途半端な立ち位置を取ってしまうとダメなわけです。Jリーグでプレスが機能しないチームは、ここに隙があることが多いです。

フィールドプレーヤー全員がしっかりポジションを取り直し、ボール近くにいる選手たちが「絶対にサイドチェンジさせない」という強度でプレスをかけないと、「同サイド圧縮」は成立しません。

「攻撃からの守備の切り替え」、いわゆるネガティブトランジションでも、「同サイド圧縮」は非常に有効です。

「ボールを失ったら、すぐに相手を狭い方のサイドに追い込む」という約束事にすると、ゲーゲンプレッシングのかけ方がより具体的になって意思統一もしやすくなります。

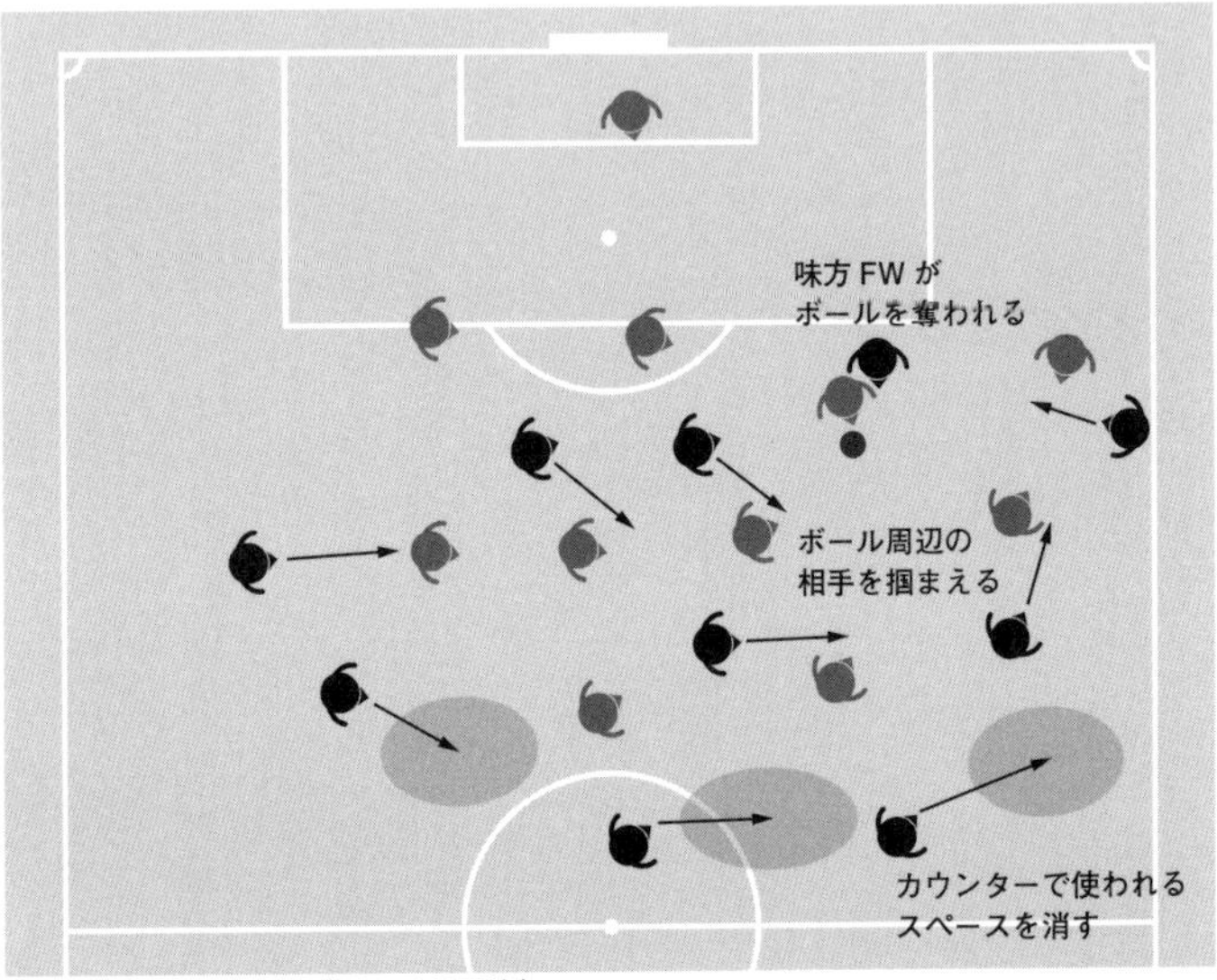
味方 FW が
ボールを奪われる
ボール周辺の
相手を掴まえる
カウンターで使われる
スペースを消す
ボールを奪われた際の「同サイド圧縮」

まとめ

・逆サイドを捨て、同サイドに相手を追い込む。

・ボールに近いサイドの選手を掴まえて、逆サイドの選手もしっかり絞らないと隙が生まれる。

・切り替えでも「同サイド圧縮」は有効。

講義14 クロス対応のロックとT字の原則

◎ゴールを背にして前方を見て構える守備の中でも、クロスに対する守備には独特の難しさがある。ＤＦがボール方向に顔を向けると、背中側に隙が生まれやすいからだ。
◎どうすればクロスを防げるか？ 本講義では「ロック」と「T字」の原則について説明する。

ＦＩＦＡのテクニカルグループの発表によると、カタールW杯の全１７２得点のうちクロスからの得点数は「45」でした。これはロシアW杯の約2倍の数。クロスは依然として非常に有効な攻撃手段のひとつです。

逆に守備者の視点に立って言うと、クロス対応のディフェンスが失点を減らすうえで非常に大事だということです。

クロス対応についてはセットプレーの守備と同じように、人につくマンツーマン、やられやすい場所を埋めるゾーン、その両者の併用などいろいろな守り方が考案されていますが、そのひとつに「ロック」と「T字」の原則があります。
まず「ロック」とは、相手がクロスを上げようとするとき、守備者がボールと自分がマークすべき相手（マーカー）を視野内に入れて守ることです。

▼ロック
ボールとマーカーを同一視野内に入れ、なおかつクロスが上がってきたときにマーカーより先にボールに触れられる位置に立つこと。

クロスのとき、守備者がサイドからクロスを上げる敵だけを見ようとすると、自分がマークすべき相手を見失ってしまいます。逆にマークすべき相手だけを見ようとすると、敵がクロスを蹴る瞬間を見られません。

そこで両者を同時に見られるような体の向きをつくり、同一視野内に収める「ロック」が大事なのです。

具体的な立ち方としては、ボールと自身のマーカーを同一視野に入れられる、マーカーの若干ファー側に立ちます。クロスがマーカーに到達する時間を見越して、相手より先にボールに触れられる位置に立つことが大事です。

もし相手がこちらの背中側に立とうとしてきたら、ステップワークで視野に収めるようにします。ゴールエリアよりファーポスト側に離れるようであれば、手を伸ばして相手の体を触って位置を掴むようにします。視覚が無理なら触覚という考え方。これを「タッチ」と呼んでいます。

ただし、いくらＤＦラインでうまく相手を「ロック」したとしても、ボールが移動している間に寄せきれないエリアが出てきます。ＤＦラインの前のスペースです。

それを抑えるための立ち位置が「Ｔ字」です。

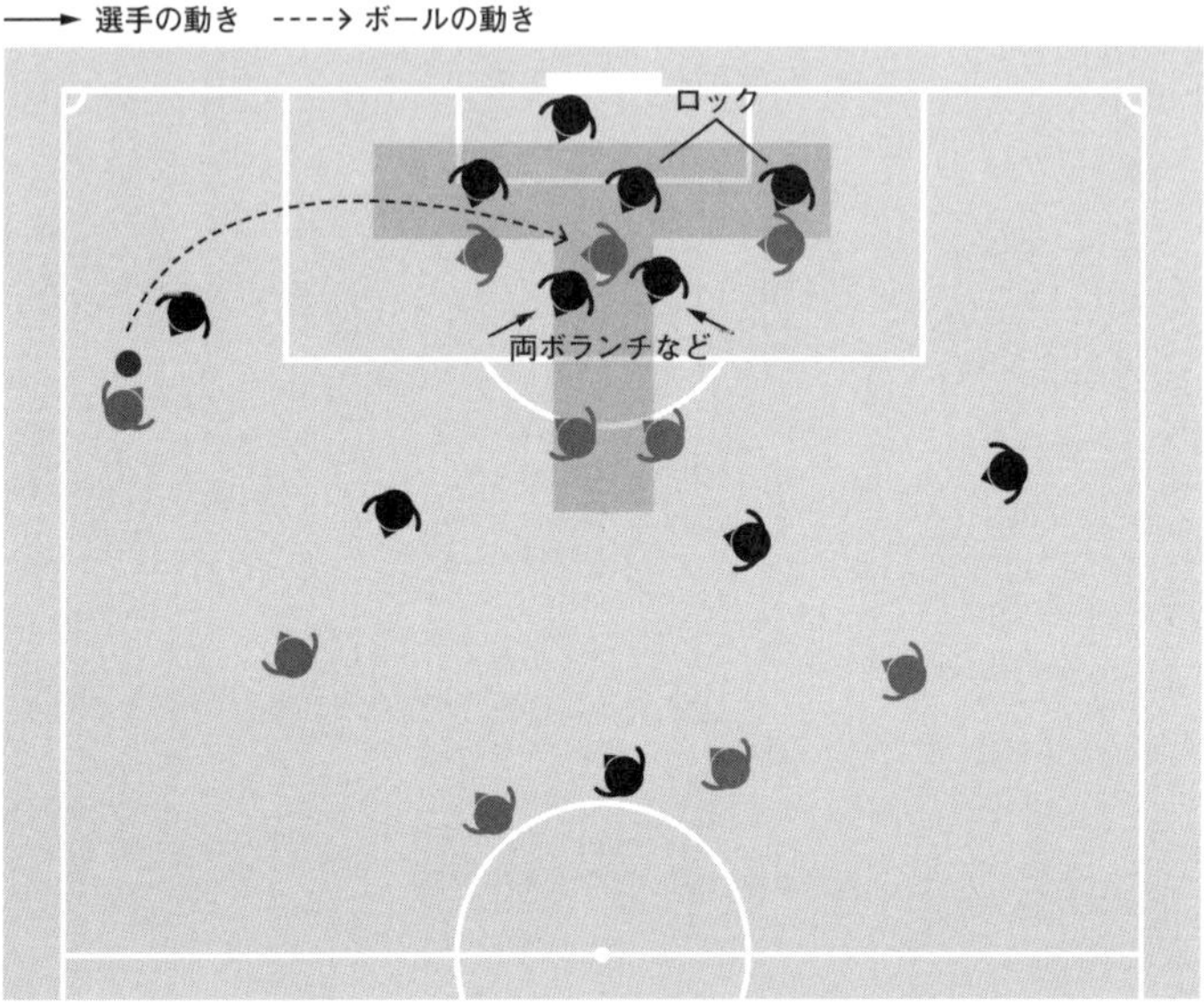

▼T字
DFラインの選手が相手をロックしたうえで、その前のスペースに他の守備者が立つこと。「T」の横棒にいる選手が相手をロックし、「T」の縦棒にいる選手がスペースを埋めるイメージ。

「T」の縦棒にいる選手（基本的にボランチ）があらかじめDFライン前のスペースを埋めているので、こぼれ球にも反応しやすく、マイナスのクロスにも対応しやすい配置になっています。

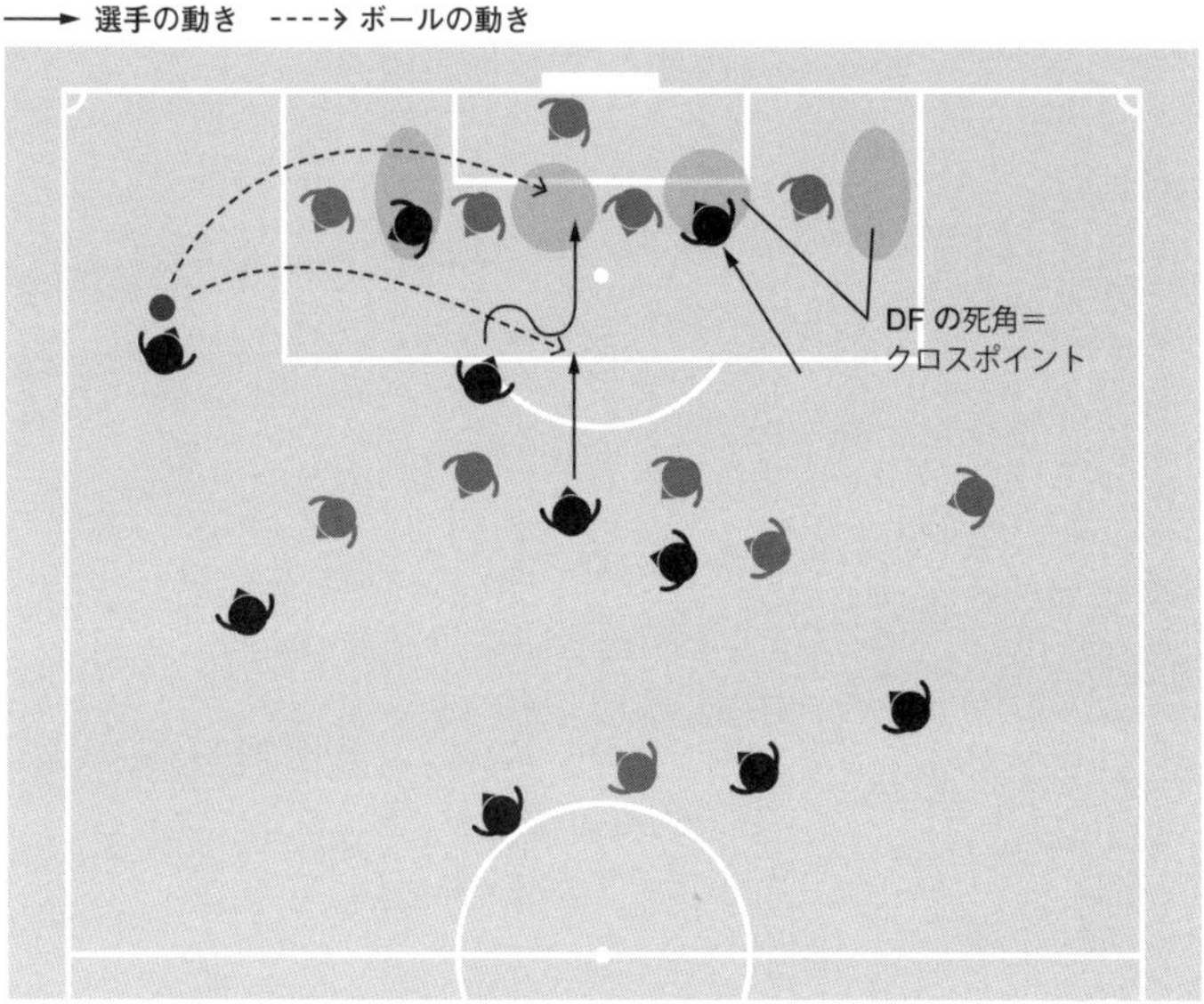

ここまで守備のクロス対応において「どこを抑えるべきか」を話してきましたが、このノウハウはそのまま自分たちの攻撃時のクロスに転用できます。「守備側が抑えるべきところ」＝「攻撃側が狙うべきところ」だからです。**クロスを上げる際に狙うべきはＤＦの死角のスペースです。これを僕は「クロスポイント」と呼んでいます。**

相手が４バックであれば、上の図のように合計４つの「クロスポイント」ができます。ボールと走り込む選手が、そのポイントで待ち合わせをするイメージです。

ただし、一番ニアのクロスポイントは角度的にヘディングで合わせても枠に飛ばすのは簡単ではないので優先度は低くなります。

もし相手が「T字」をつくれておらず、DFラインの前が空いていたらマイナスのクロスを入れるチャンスです。

日本代表は過去のW杯において、クロスに苦しめられてきました。

ブラジルW杯のコートジボワール戦では、後半19分、右サイドバックのオーリエがクロスを上げる瞬間、FWのボニーが吉田麻也と森重真人の間でフリーになっており、森重が慌てて体を寄せたものの、ボニーが先に落下点に入ってヘディングで同点弾を決めました。

さらに2分後、再びオーリエがクロスを上げ、今度はジェルビーニョがニアポスト側で長友佑都と吉田の間でフリーになり、ヘディングでそらして逆転弾を流し込みました。日本はどちらの場面でも「ロック」できていなかったんです。

ロシアW杯のベルギー戦では、後半29分、左CKの流れからアザールが左足でクロスを上げると、フェライニが長谷部誠の死角からジャンプして豪快に同点弾を叩き込みました。このとき長谷部は完全にボールウォッチャーになり、背後を確認できていませんでした。

そしてカタールW杯のスペイン戦とクロアチア戦でも、クロスから失点してしまいました。いずれも相手の右サイドからクロスを上げられ、ファーポスト側でフリーになっていた選手にヘディングで決められてしまったのです。スペイン戦では板倉滉と伊東純也の間でモラタをフリーにしてしまい、クロアチア戦では伊東が近くにいたもののペリシッチのジャンプに反応できませんでした。

日本がW杯で勝ち上がるために改善しなければならない点はたくさんありますが、間違いなくクロス対応はそのひとつです。

まとめ

・クロス対応では基本的にボールとマーカーを同一視野に入れる。
・ＤＦライン前のスペースもＴ字の原則でカバー。
・攻撃目線ではＤＦの死角とマイナス、すなわちロックとＴ字の原則が守れていない場所を狙いどころにする。

講義15 1対1で優位に立つポークの原則

◎「日本人にはマリーシアが足りない」。Jリーグでプレーした多くのブラジル人選手が指摘した日本の問題点だ。
◎Jリーグ創設30周年を迎えても、まだ欧米に比べて日本が苦手にしている部分だろう。この課題を「技術」として捉えて克服する原則を紹介する。

前回の講義ではクロス対応の「ロック」について話をしましたが、もし相手のストライカーの身長が自分よりも20～30㎝大きかったら、いくらポジショニングを工夫しても分が悪いでしょう。

そのような体格差を埋めるために鍵になるのが、空中戦でジャンプする前に相手のバランスを崩す予備アクションです。それを僕は「ポーク」と呼んでいます。

▼ポーク
競り合いや球際の場面で相手に体をぶつけ、相手の体勢を崩すこと。英語で「poke」は「小突く」の意味。


この技術が突出してうまいのがレアル・マドリーのダビド・アラバです。

バイエルン在籍時は長らく左サイドバックでプレーしていましたが、ハンジ・フリック監督に左センターバックとして起用されると、左足の正確なパスとドリブルによって2020年にブンデスリーガ・ドイツ杯・CLの三冠達成に貢献。身長180㎝とセンターバックとしては小柄ながらも、空中戦でまったくそのハンデを感じさせません。2021年にレアルに移籍してからも左センターバックとして欠かせない存在になっています。

なぜ180㎝のアラバが空中戦に強いのか？

アラバはまさに「ポーク」を実践しているのです。

ジャンプする直前にファウルにならないように肩で相手の体勢を崩すチャージをして、飛ぶタイミングをずらさせたり、落下地点から遠ざけたりしています。

「ポーク」の定義に「競り合いや球際の場面」と書いたように、これは空中戦に限った技術ではありません。

相手がこちらに背を向けてポストプレーをしようとしているとき、スローインのボールを受けるとき・奪うときにも有効です。

当然のことながら万が一笛を吹かれた場合を想定して、ペナルティーエリアから遠いか、近いか、内側にいるかで、「ポーク」の強度を調節しなければなりません。危険な位置でのＦＫやＰＫを取られたら本末転倒です。

また、空中戦におけるさらに高度な駆け引きとして「リフト」があります。相手がジャンプするよりわずかに先に飛び、相手の肩に乗っかってヘディングに勝つというものです。ただし、これもファウルを取られないように絶妙なタイミングが求められます。

とにかく相手を楽にプレーさせず、事前に邪魔をする。
「ポーク」は失点を減らすために必要な「技術」です。

そして面白いことに、弱点がないように見えるアラバもポークを使えない場面や、相手が死角に入ったり助走をつけたりしてポークできない場面では、失点につながるプレーをしてしまうことが多いのです。

まとめ

・ずる賢さを技術として捉える。
・身長差を事前のアクションで埋める。
・アラバがお手本。

講義16　トランジションの原則

◎一般的にサッカーは4局面に分けられて考えられている。「攻撃」、「攻撃から守備への切り替え」（ネガティブトランジション）、「守備」、「守備から攻撃への切り替え」（ポジティブトランジション）の4つだ。本講義ではトランジションにおける原則を掘り下げる。

攻撃や守備と同じように、トランジションについても監督によって哲学が大きく異なります。

たとえばペップ・グアルディオラがバルセロナを率いているときに有名になったのは、ネガティブトランジション（以下、ネガトラ）における「5秒ルール」でした。ボールを失ってから5秒間は激しくプレスをかけて奪いにいき、5秒を超えたら追うのをやめてリトリートする（自陣に戻る）というルールです。

人体の構造上、5〜7秒はクレアチンリン酸がエネルギー源として使われ、それ以上になると別の回路に切り替わって乳酸が出て疲労を感じます。つまり「5秒しか追わない」ことには戦術的な意思統一だけでなく、フィジカル面のメリットもあるのです。

ラルフ・ラングニックのポジティブトランジション（以下、ポジトラ）における「8秒ルール」も有名です。「8秒以内にボールを奪って10秒以内にゴールに到達する」というもので、ボールを奪ったら縦パスと斜めのパスを組み合わせてリスクを冒して相手ゴールに迫ろうとします。

ただし、「秒数」はキャッチーなのでメディアを介して広まっただけで、実際にはペップやラングニックは切り替えについてもっと包括的な考え方をしているはずです。「秒数」の話だけでは不完全でしょう。

今回は僕が率いるシュワーボ東京におけるトランジションの原則を紹介します。

まずポジトラの原則は、講義4でも紹介した「CPEの原則」、これに尽きます。「もっと複雑な原則が必要じゃないの？」と思われた方もいるかもしれませんが、必要ありません。

▼CPEの原則
C＝クリティカル（裏抜け）
P＝ポイント（ポイントに立つ）
E＝エスケープ（バックパスや横パスでプレスを回避する）

なぜなら攻撃に切り替わった瞬間は体力的にも技術的にも負荷が大きく、その状況下で複雑な原則を遂行することは困難だからです。

単純かつ効果的な原則の設定が必要であり、いろいろと試した中でベストだと実感したのが「CPE」でした。

では、なぜCPEがポジトラにおいて高い効果を発揮するのかを説明します。

まず、「低い位置」でボールを奪った場合。

「低い位置」というのは自陣ゴール前のことで、状況としては相手の攻撃によって押し込まれたときです。自分たちの配置が崩され、たとえボールを奪えてもパスをつなげる構造はできていません。よほど能力に優れたストライカーが前線にいない限り、この深い位置から一発のロングパスを出しても運頼みになります。

そうなると、低い位置でボールを奪った場合に必要なのは、「いかに早く攻撃のための配置を整えられるか」です。

ボールを無理に前進させようとしても失う可能性が高いので、いち早く自分たちの攻撃の形に持っていく。そのために鍵になるのが「エスケープ」です。

GKを中心に素早く迂回経路のポジションを取ってボールを逆サイドへ動かし、その間に他の選手が「ポイント」（敵の斜め後ろ）に立つのです。この構造さえできれば、準備してきた「後出しジャンケン」が可能になります。

ペップ率いるマンチェスター・シティは「エスケープ」のお手本のようなチームで、GKエデルソンを使ってパスを回しながら攻撃の配置を整えています。

一方「高い位置」でボールを奪った場合。

「高い位置」とは相手陣内のことで、状況としてはプレスによってうまくボールを奪えたときです。自分たちの陣形は崩れておらず、さらに前線に選手がいるので、一発で裏を狙うことができます。裏をケアされたら、「ポイント」に移動した選手にパスを出し、さらなる攻撃を仕掛けます。ようは攻撃時の原則「ＣＰＥ」（クリティカル・ポイント・エスケープ）を適切に実行するということですね。

トランジションの原則と言うと何か特別なルールを用意しなければならないと考えがちですが、攻撃において本質を捉えて原則をつくっておけば、それは切り替えの局面にも通じるのです。

ネガトラについても同じです。
守備において本質を捉えた原則であれば、切り替えにも通じます。
つまり、ボールを失った瞬間、素早く高い強度で守備の原則「同サイド圧縮」を実行するのです。

選手個々人の瞬間的な判断ですぐに奪い返せそうな場合は複数人で囲い込んで

しまうこともありますが、原則としてはボールの近くにいる選手は中央のパスコースを封鎖しながら相手をサイドに追い込み、ＤＦラインの選手は相手ボールホルダーが顔を上げていたら裏へのボールに備えて下がる準備をします。「同サイド圧縮」を採用する場合、４局面の「守備」と「ネガトラ」はまったく同じ原則でよくなるので、しんどい状況下でも選手の脳への負荷を抑えられて戦術的な集団行動に移ることができます。

一つ付け加えるとすれば、ボールを失う前から守備の準備をしておかなければネガトラはうまくいきません。自分たちが攻撃している最中から、後方の選手がボールロストを見越したポジションを取るのです。

具体的にはセンターバックが、カウンターを狙って前に残る相手ＦＷ（カウンター要員）をしっかりマークします。もしそのＦＷがハーフウェーラインより手前にいても、しっかり掴みにいきます。こちらのフィールドプレーヤー全員が敵陣に入るとオフサイドを取れなくなりますが、相手のカウンター要員にフリーな状態で前を向かれた方が危険だからです。

これはあくまでシュワーボが採用している原則で、チームによってバリエーションはいくらでもあるでしょう。

ただし、あまり原則を複雑にしすぎると脳に負荷がかかりすぎてしまい、切り替えのスピードが落ちてしまいます。

トランジションの原則はシンプルな方が意思を統一しやすく、その結果切り替えスピードが上がるというのが僕の考えです。

まとめ

- ポジトラでは難しく考えずに「CPEの原則」でプレーする。
- 4局面の「守備」と「ネガトラ」は同じ原則であり実行のスピードと強度が鍵。
- トランジションの原則はシンプルな方が、切り替えスピードが上がる。

講義17　合理的でない戦術のメリットと活用法

◎世界中で戦術家と呼ばれる監督が増えているものの、どのリーグでも彼らが必ずしも好成績を残すわけではない。アバウトな戦術で優勝する監督だってたくさんいる。本講義では「合理的でない戦術」のメリットを考える。

ペップ・グアルディオラ率いるマンチェスター・シティの試合を見ていると、攻守において細かいこだわりを見つけられておもしろいのですが、ときどきこう感じることがあります。

「なんでこの試合では、合理的でないやり方をしているんだろう?」

シャビ率いるバルセロナやミケル・アルテタ率いるアーセナルを見ていても同じです。たとえばアーセナルは「サイドバックを低い位置で張らせない」という原則を守っているときもあれば、守っていないときもあるんです。

しかし、ペップやアルテタが非合理的な選択を選んでしまったとしても放置し続けるとは思えません。何か理由があるはずです。

本書ではこれまでビルドアップやプレスの形など、合理的なサッカーを実現するための原則を紹介してきました。それらをあえて逆の視点から見て、「合理的でない戦術のメリット」を考えてみたいと思います。

まず「合理的」という言葉を正確に定義しておきましょう。

合理的な戦術とは、チャンスを増やしてピンチを減らすための戦い方です。相手がグーを出したらパー、パーを出したらチョキという感じで、常に後出しジャンケンをできるのが理想で、そのためには攻守においてバリエーションが必要です。

つまり「合理的」＝「運や選手の質に頼らない戦い方」ということです。

それでは具体的に「合理的ではないことが結果的にうまくいく」例を見ていきましょう。

(1)後方でパスコースをつくらない→前線に人が多くロングボールに強い

ＧＫがボールを持ったときに、相手がプレッシャーをかけてきたとしましょう。合理的なチームであれば迂回経路を用意すべく、ＤＦの一人が降りてＧＫの横に立つのが原則です。また、他の選手がＧＫ近くにいる敵の斜め後ろに立つのも原則です。

一方、非合理的なチームはＧＫの横に選手が降りようとはしませんし、敵の斜め後ろに立とうともしません。そうなるとＧＫは一か八かロングボールを蹴るしかなくなりますよね。

しかし、「ボールをつながなくてもいい」と割り切ったらどうでしょう。その場合、後方でパスコースをつくろうとしないことには次のメリットがあります。

- 選手が後方に下がらない分、前線に選手が多く、ロングボールのこぼれ球を拾いやすい
- 相手ボールになったとしても、DFラインより前にフィルターが多い
- センターバックがGKの横に降りないので、DFラインが乱れない
- 一か八かの縦パスにチャレンジしやすい

最後の「一か八かの縦パスにチャレンジしやすい」を理解してもらうには、少し補足が必要でしょう。

合理的な戦術を採用して、受け手がポイントに立ち、相手の守備ラインを1つずつ越えて前進すると確実性は高まりますが、フィニッシュワークまでに段階を踏まなければなりません。

それに対して「ボールをつながなくてもいい」と割り切ると、少々のボールロストは許容できます。守備ラインを1つずつ越える必要はなく、一か八かの縦パスを大胆に狙え、通らなければピンチですが、もし通ったらいきなりビッグチャンスになります。

(2)サイドバックが低い位置で張る→相手を引きつけて一気に裏

サイドバックが低い位置（サイドフロント）に立ってパスを受けると、中央へのパスコースを切られ、ウイングには縦パスを出せるものの、そのウイングは相手を背負った状態でしか受けられないという状況に陥ります。本書では講義2で詳しく説明しました。

しかし場合によっては、サイドフロントを使うことがメリットになります。

・相手のプレスの移動距離が若干遠くなるためサイドチェンジのボールを蹴るまでの時間をつくれる

・相手を引きつけてのスペース創出＝サイドバックや周りの選手が相手に対して圧倒的な質の優位性があればボールを失わずに済み、ボールを奪おうとしてくる相手を引きつけられるため逆サイドや裏にスペースをつくれる

・低い位置で絞った状態でボールを失う場合よりも、張っていて失った方が自陣ゴールまでの距離が遠く角度も少ないので、ピンチに直結しにくい

(3)ウイングがファジーゾーンに立たない→パスカットインで突破

講義2で触れたように、相手サイドバックと相手サイドハーフの中間を「ファジーゾーン」と言います。ウイングが前向きにパスを受けてそのまま相手サイドバック（もしくは相手ウイングバック）にドリブルを仕掛けられる位置ですね。

そこに攻撃者が立つことで、相手サイドバックと相手サイドハーフの判断を惑わせ、相手の陣形を横に伸ばす効果があります。合理的なチームでは「ファジーゾーン」に立つのが原則です。

では、ウイングが「ファジーゾーン」より高い位置に立ち、相手のサイドバックに掴まったらどうなるでしょうか? 普通に考えたら、そこへパスを通すのは簡単ではないですよね。

ところが、アーセナルはこの状況からでも打開できるんです。ウイングが瞬間的に外から中に入って受ける「パスカットイン」を実行しているからです。

▼パスカットイン
サイドバックがボールを持っているときに、高い位置で張っているウイングがタイミングよく内側へ動き、そこへパスを通す連携。フットサルで言うところの「アラコルタ」。

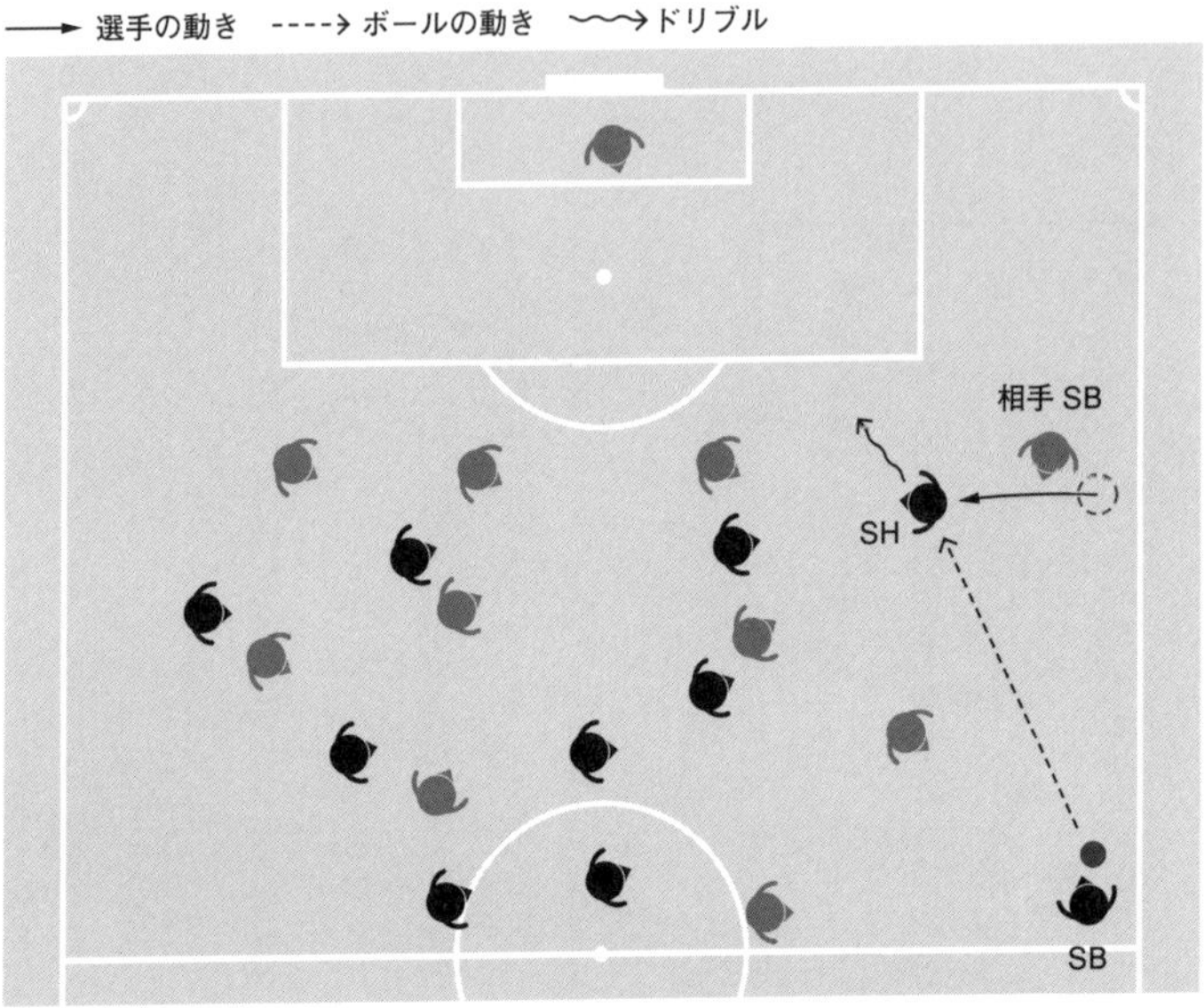

もしパスが通ったら相手を1人抜いたのと同じ状態になり、一気にゴールに迫ることができます。

当初、アーセナルではこの連携がうまくいかず、何度もウイングのところでボールを失っていました。しかし次第にタイミングが合うようになり、今では「パスカットイン」が大きな武器になっています。

ここまで3つの「合理的ではないことが結果的にうまくいく」例を見てきましたが、ひとつ注意が必要なのはこれらすべてにおいて選手個人の特別な質を前提としているということです。

(1)ロングボールから打開→フィジカルが強いセンターフォワードが必要
(2)サイドバックが囲まれて突破→技術に優れたサイドバックが必要
(3)パスカットイン→サイドバックとウイングの質が必要

もちろん「合理的なサッカー」をするうえでも一定の質は必要です。ピッチ上に一人でも原則を実行できない選手がいると理論が崩れてしまうからです。原則を徹底できずに「中途半端な合理的なサッカー」になるのが一番ダメなパターン。「合理的でないサッカー」には緻密さがない分、そういう脆弱性（壊れやすさ）がありません。

ただし、「合理的でないサッカー」に求められる質は非常に高く、そのリーグレベルにおける特別な存在でなければ成立しません。

運頼みの部分を許容して、特別な個人をそろえるか。

脆弱性を乗り越えて、原則にこだわるか。

より普遍性があり、よりチャンスを増やしてピンチを減らせるスタイルを目指せるのは後者ですが、サッカーを学問的に教育されている選手が少ない日本サッカーだと、選手のキャラクターや自身が任されているチームの環境に合わせて指導者が「追求と妥協のバランス」を取りながら最適解を導き出すべきというのが僕の考えです。

まとめ

・相手と比べて圧倒的に質の高い選手がいると非合理的なサッカーにもメリットが生まれてくる。
・合理的なサッカーは全員が理解しないと成立しない。
・選手個人の質に頼ると安定感や継続性に欠けるが、そういったサッカーの方が脳の負荷は低いので指導者は選手や組織を観察・把握して何を合理化し何を選手任せにするべきか熟慮する必要がある。

3章

応用編

応用編1　アーセナル対マンチェスター・シティ（FAカップ準決勝：2020年7月18日）

ここまでの講義ではサッカーの原則について掘り下げてきました。本章では「応用編」として、実際にあった名勝負を分析していきたいと思います。

最初に取り上げるのは2020年7月18日に行われたFAカップ準決勝、アーセナル対マンチェスター・シティ。ピエール＝エメリク・オーバメヤンの2ゴールによってアーセナルが勝利した試合です。

当時、この試合はミケル・アルテタ対ペップ・グアルディオラの「師弟対決」として注目されました。アルテタがアーセナルの監督に就任したのは前年12月で、それまで約3年半に渡ってペップのもとでコーチを務めていたからです。

事前の期待通り、試合は高度な戦術の応酬となりました。

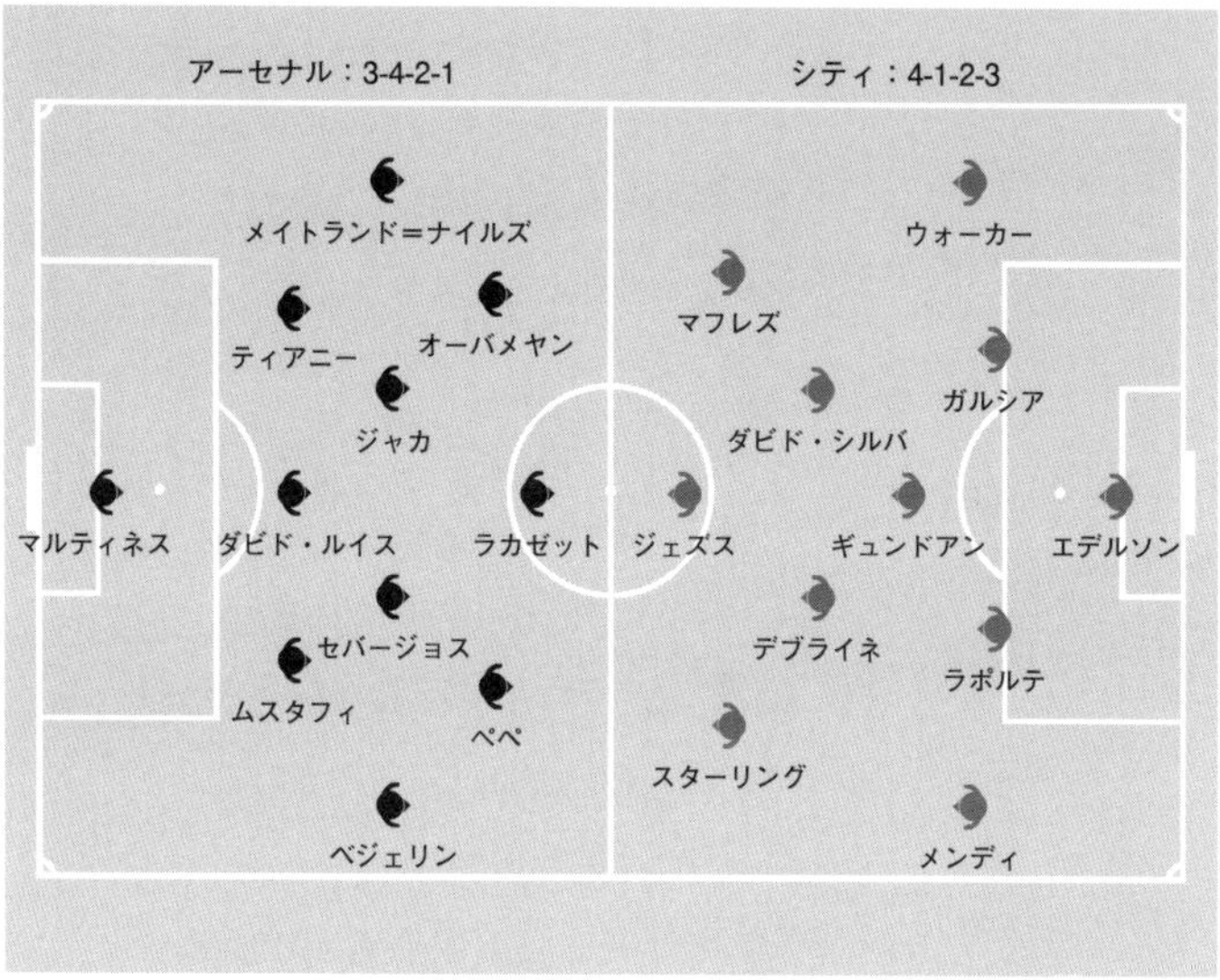

アルテタが緻密なシティ対策を用意し、ペップが臨機応変に修正を施し、またアルテタが変化して上回ろうとする――。

戦術的な攻防とそれを体現するピッチ上の選手たちの素晴らしさがつまった、めちゃくちゃ良い試合でした。

まずは構造を掘り下げましょう。

アーセナルが3－4－2－1、シティが4－1－2－3という布陣でした。

GKからしっかりボールをつないで攻撃するシティに対して、アルテタは高い位置のプレスでがっちりはめるやり方を用意しました。

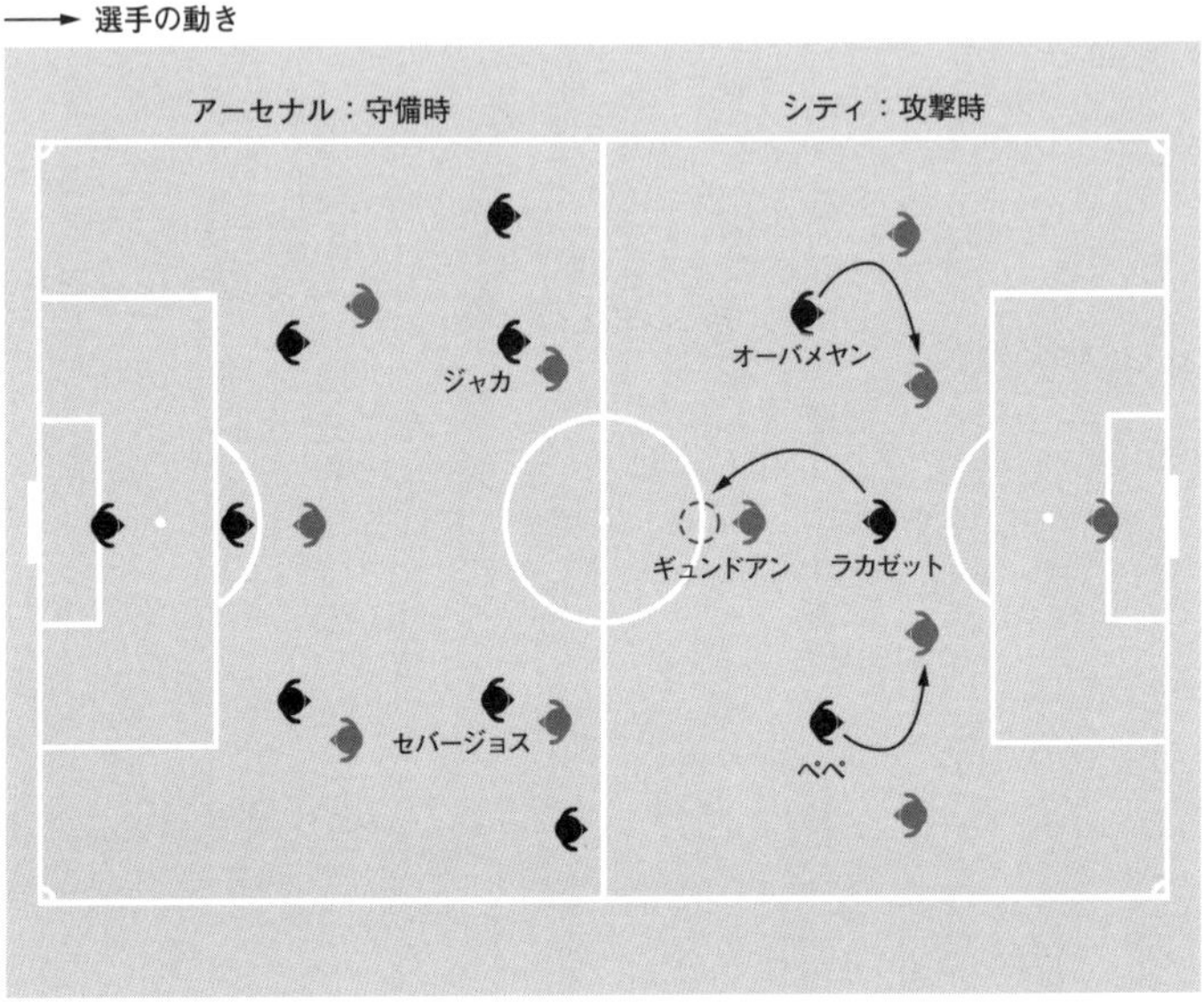

センターFWのラカゼットが少し下がり目に立って相手アンカーのギュンドアンを抑え、シャドーのオーバメヤンとペペが相手サイドバックへのコースを切りながら相手センターバックに寄せていくという形です。そしてダブルボランチのジャカとセバージョスがシティのインサイドハーフ2人（デブライネとダビド・シルバ）を見ます。

上の図のように、アーセナルは守備時は3－4－1－2になっていました。中盤でしっかり人を掴まえられていることがわかると思います。

この3日前のプレミアリーグ・リバプール戦でも、アーセナルは同様のプレスのかけ方を採用していました。リバプールもシティと同じく4-1-2-3でビルドアップするからです。

リバプール戦でのアーセナルの2得点はまさにこのプレスが生み出しました。この試合では右シャドーにネルソンが入っていたのですが、32分、ネルソンがファンダイクにコースカットプレスで寄せてパスミスを誘い、ラカゼットがかっさらって同点弾。

続いて44分、ロバートソンがGKアリソンにスローインでボールを戻すと、ネルソンがファンダイクへのコースを切りながらGKアリソンへプレス。ロバートソンへのコースが空いており、ラカゼットはそこへパスが来ると読んだのでしょう。ラカゼットは自分のマークを捨ててサイドにスプリントしてパスをカットし、ネルソンの逆転弾をアシストしました。

リバプール戦、シティ戦ともに素晴らしかったのはラカゼットの臨機応変さでした。

ラカゼットは監督から言われたタスクを忠実に実行しながら、相手の変化に対して臨機応変に対応できる。こういう選手がピッチにいると、攻守において有利になります。

ＦＡカップ準決勝のシティ戦においてアーセナルは目的に応じて陣形を変えており、ＧＫを絡めた低い位置でのビルドアップでは次ページ図のような陣形を取っていました。

オーバメヤンが前線に動き、それによって空いた左のスペースには左ウイングバックのエインズリー・メイトランド＝ナイルズが上がります。そして左センターバックのキーラン・ティアニーが左サイドバック的な位置に入り、ダビド・ルイス、ＧＫマルティネス、ムスタフィが三角形をつくります。

それに対してシティのプレスは、ウイングの選手が相手サイドバックへのコースを切ったうえで、ジェズスの判断でプレスをかけるやり方を採用していました。ジェズスが前に出ようとしたとき、後ろがついてきたら相手センターバックへのコースを切りながら相手ＧＫまでアグレッシブに寄せていきます。一方、後ろ

→ 選手の動き

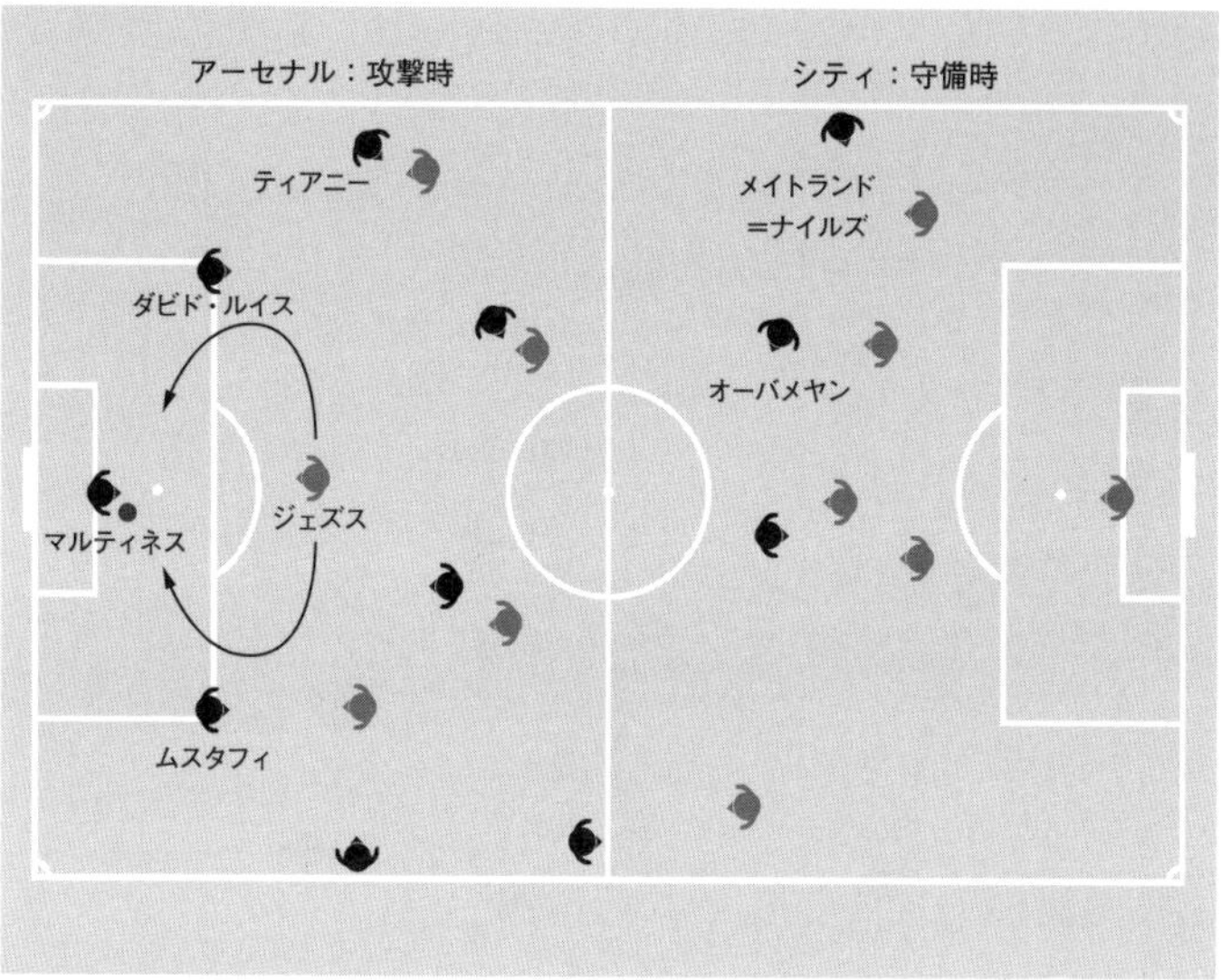

がついてきていなかったらジェズスは相手センターバックを見られる位置に留まります。

しかし、この日のシティはプレスの形を徹底しきれていませんでした。19分のアーセナルの先制点の場面がまさにそうです。

シティがカウンターでチャンスをつくったものの決められなかったあとということもあって、シティの陣形がやや崩れていました。センターFWの位置にマフレズ、右ウイングのところにジェズスがいて、デブライネが低い位置にいるという感じです。

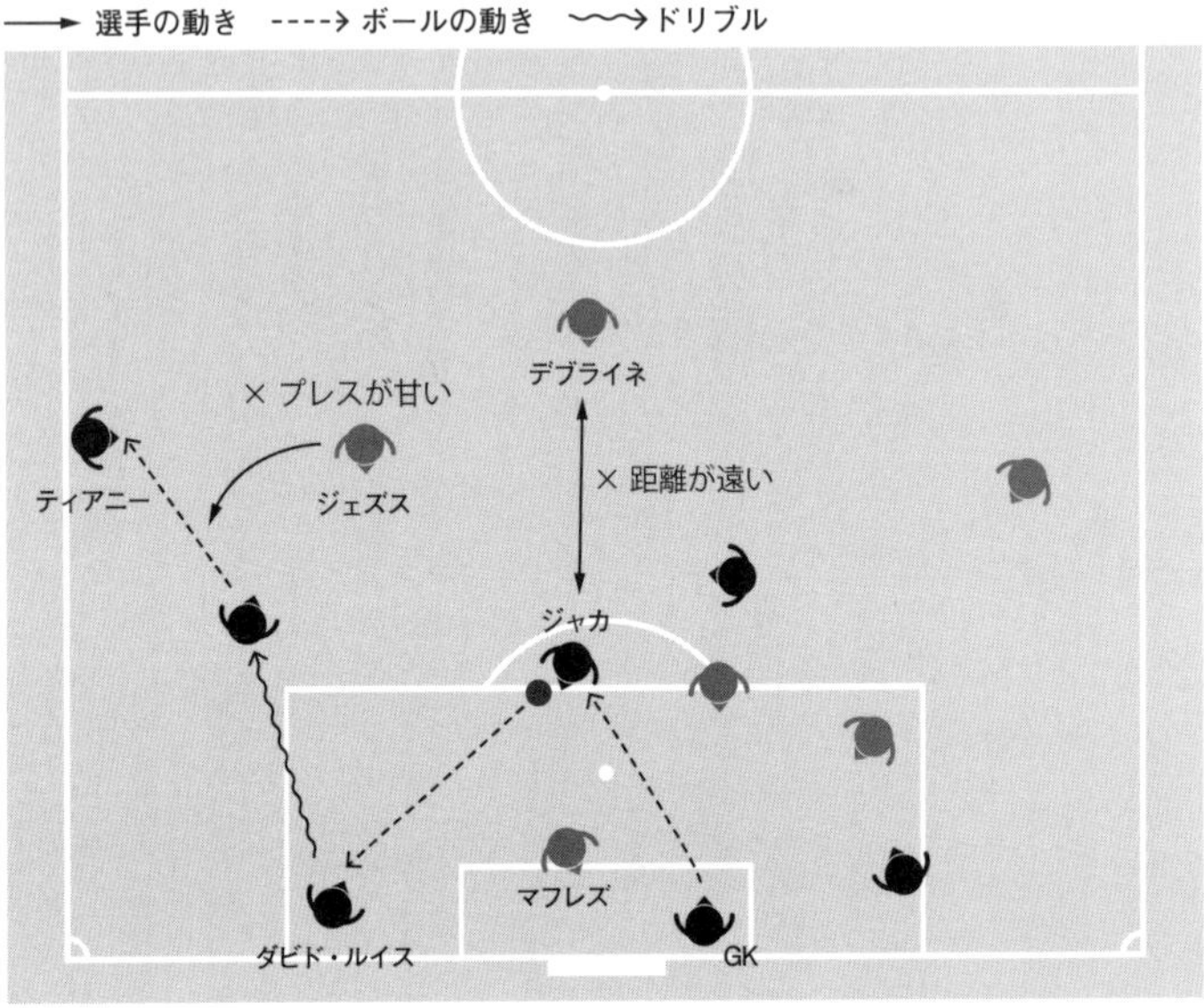

そのためアーセナルのGKがボールを持ったときに、アーセナルのボランチの一人（ジャカ）がフリーになってしまいました。

ダビド・ルイスがジャカからパスを受けてボールを前に運ぶと、右ウイングに入ったジェズスのコースカットプレスが甘く、左で開いていたティアニーにパスが通ります。

ラカゼットのポストプレーから、アーセナルは逆サイドにボールを展開。ぺぺが切り返しから左足でクロスを上げ、ファーで右サイドバックのウォーカーの背後を取ったオーバメヤンが右足で合わせてゴールを決めました。

厳しい見方をすれば、左利きのペペのプレースタイルから切り返すのは十分に予想できたので、マッチアップした左サイドバックのメンディはもっと左足のクロスを警戒しておくべきでした。

また、ウォーカーは以前よりはボールウォッチャーになることが改善されてきたとは言え、依然としてボールの落下地点の目測を見誤りやすく、この場面ではその弱点が出てしまいました。

前線のプレスのミス、メンディとウォーカーのミス。これだけミスが続けば失点して当然でしょう。

前半はプレスの徹底に差があり、それが1対0という前半のスコアにつながったと思います。

しかし、ペップがこのまま終わるはずがありません。

ペップはスターリングを左から中へ入れるという修正を施しました。

スターリングがＤＦラインとＭＦラインの間に立ち、アーセナルのジャカとセバージョスの２人はシティの３人（スターリング、デブライネ、ダビド・シルバ）を

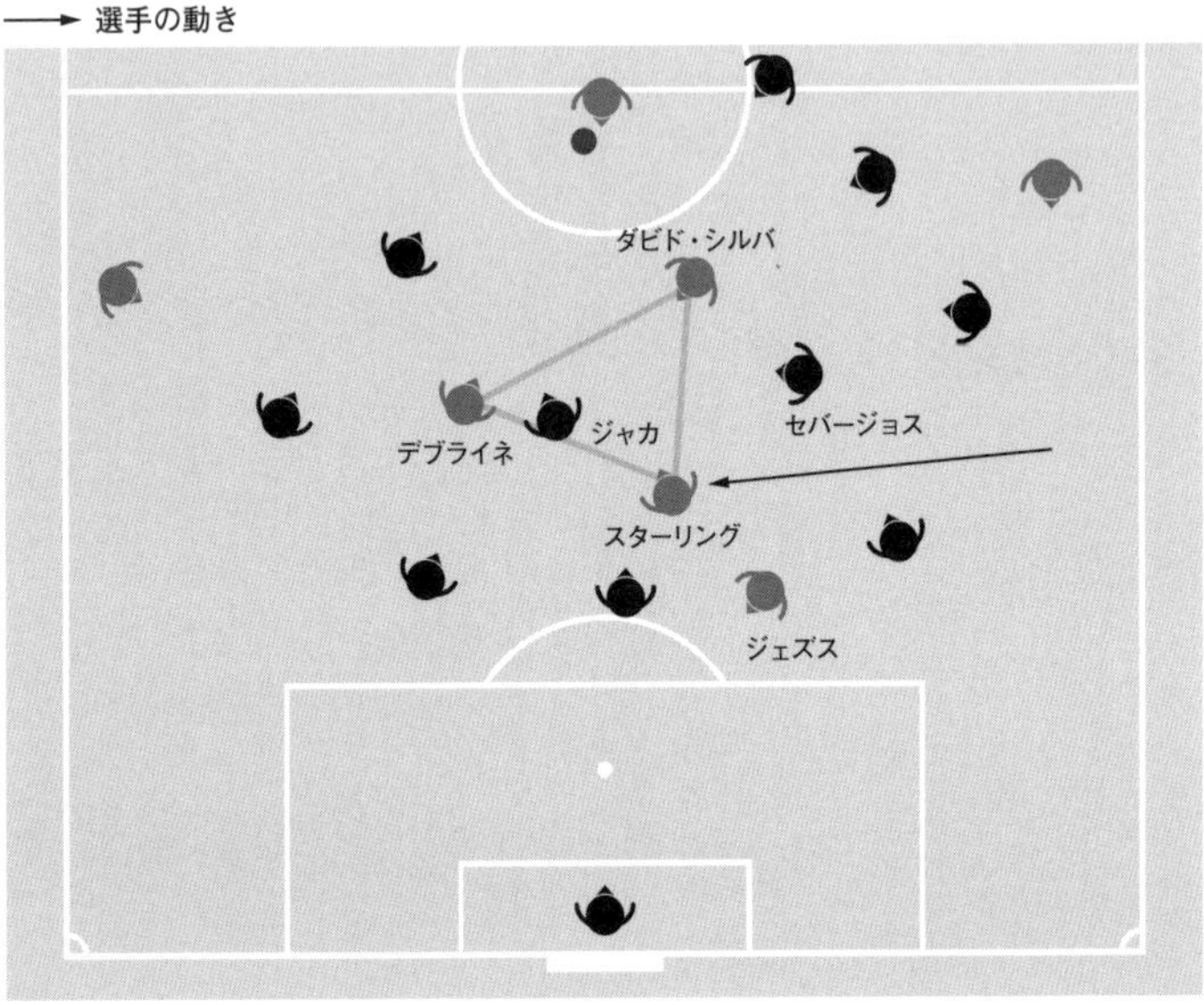

見なければならない状況が生まれます。
　後半の立ち上がりはシティの縦パスが次々に入り、ビッグチャンスをつくり出しました。ここで同点に追いつけなかったことが大きな痛手になってしまいます。

　アルテタもペップの変更に対してさらに手を打ちます。

　スターリングがパスを受けたとしても自由にプレーできないように、後方に引いて全体をコンパクトにしてライン間を狭めたのです。ときにはラカゼットまで戻ってスペースを潰しました。

　それが実り、押されながらもアーセ

ナルはチャンスをものにします。

ティアニーが裏にパスを出し、抜け出したオーバメヤンがダメ押し点をゴールマウスに流し込みました。

シティの視点に立つと、ウォーカーはティアニーが前向きにボールを持てる状況にもかかわらず、オーバメヤンに対して距離をとって下がる準備をしなかったことが問題でした。

この得点を受け、アルテタはラカゼットに代えてボランチのルーカス・トレイラを投入して5－3－2に変更します。スペースを消すだけでなく、しっかり人を掴めるようにして中央を完全に圧縮しました。

ペップはロドリを入れてミドルを狙わせ、終了間際にはフェルナンジーニョを前線に入れて「高さ」を加えましたが、この日のアーセナルの守備を崩すことはできませんでした。

ペップは戦術によって個人をさらに輝かせられる監督として知られていますが、

アルテタも同じようにアーセナルの選手たちを適材適所に配置して個人を輝かせていました。**アルテタにペップの哲学がしっかり受け継がれており、ペップは指導者をも育てたと言えます。**

敗れた方もゲームの中で修正策を打ち、勝った方はそれをさせない修正策を打った。

見ていて勉強になる名勝負だったと思います。

【YouTubeでこの試合を徹底解説】

※スマートフォンなどで読み取ってください。
※予告なく終了する可能性があります。
（https://www.youtube.com/watch?v=OCkhyr3po_s）

応用編2　パリ・サンジェルマン（PSG）対バイエルン（CL決勝：2020年8月23日）

次に取り上げるのは2020年8月23日に行われたCL決勝、パリ・サンジェルマン（PSG）対バイエルンです。コロナ禍のため応用編1のFAカップと同じく無観客で行われ、コマンのゴールによってバイエルンが勝利しました。

試合が行われた当時、バイエルンのプレー強度がすさまじく、4局面の切れ目がないシームレスな試合として話題になりました。バイエルンはコロナ禍のシャットダウン中、全選手にフィットネスバイクを配り、サイバートレーニングによって選手たちを徹底的に鍛えたことも注目されました。

もちろんこの試合における「強度」は特筆すべきなのですが、両チームともに「戦術」が優れていたことも見落としてはいけません。

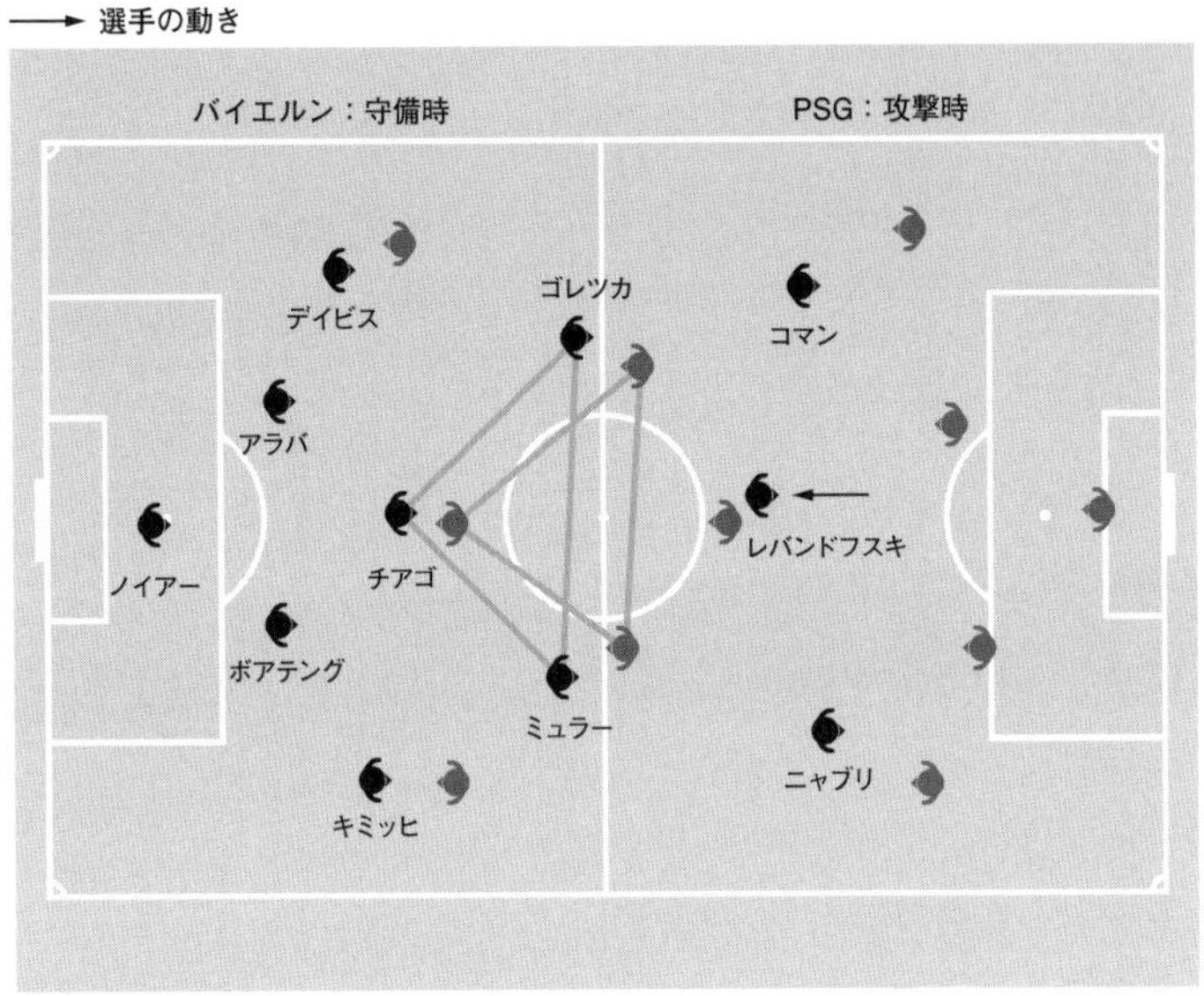

まずバイエルンの守備から掘り下げましょう。

ハンジ・フリック監督は高い位置の守備について、２つの方法を用意していました。

１つ目の方法はＰＳＧの４－１－２－３という陣形に対して、レバンドフスキが少し下がってアンカー（マルキーニョス）をケアする形です。相手ＤＦラインに対しては、ウイングが相手サイドバックへのコースを切りながら圧力をかけます。

ＰＳＧの中盤の三角形に対しては、バイエルンも三角形ではめにいきまし

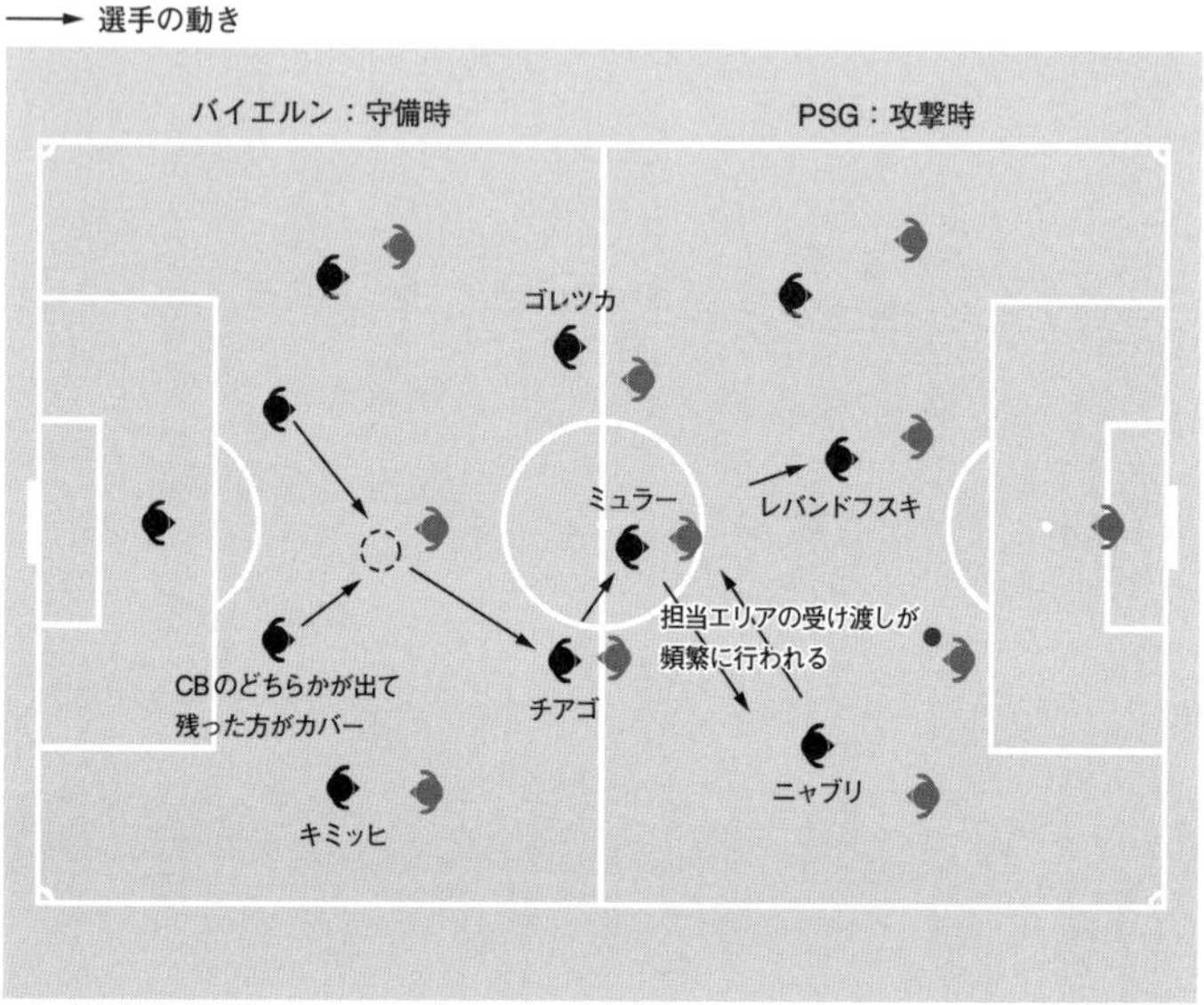

た。ミュラーが少し下がって相手インサイドハーフのパレデスにつき、ゴレツカが少し上がってもう片方の相手インサイドハーフにつくのです。

2つ目の方法は、1つ目の形からレバンドフスキが前に出て、中央でミュラーやゴレツカが縦方向にスライドするやり方です。

バイエルンはポジションがずれても修正するインテリジェンスが高く、たとえばニャブリが守備の流れでサイドから中へ動いたら、ミュラーが外に出て担当エリアを受け渡します。

このようにバイエルンはフロントエリ

アの守り方に明確な戦術があり、基本からの応用パターンも持っていました。

この高強度の守備のため、ＰＳＧのパスがファジーゾーンに届く回数は非常に少なかったです。もしパスがそこへ到達したとしても、バイエルンのウイングやトップ下がすぐにプレスバックして対応しました。

特にミュラーは責任感が強く、右サイドバックのキミッヒがエムバペと1対1になると、「こいつはまずいぞ！」といわんばかりに猛烈な勢いで戻って2対1の状況をつくっていました。

いわば守備の遊撃隊。援軍が必要なところに全部顔を出すイメージです。

バイエルンの守備は前にも後ろにも献身的なのが特長で、高い強度と計算された連動性でＰＳＧをパニックに陥れていました。

一方、トーマス・トゥヘル率いるＰＳＧの守備は、発想が異なるものでした。

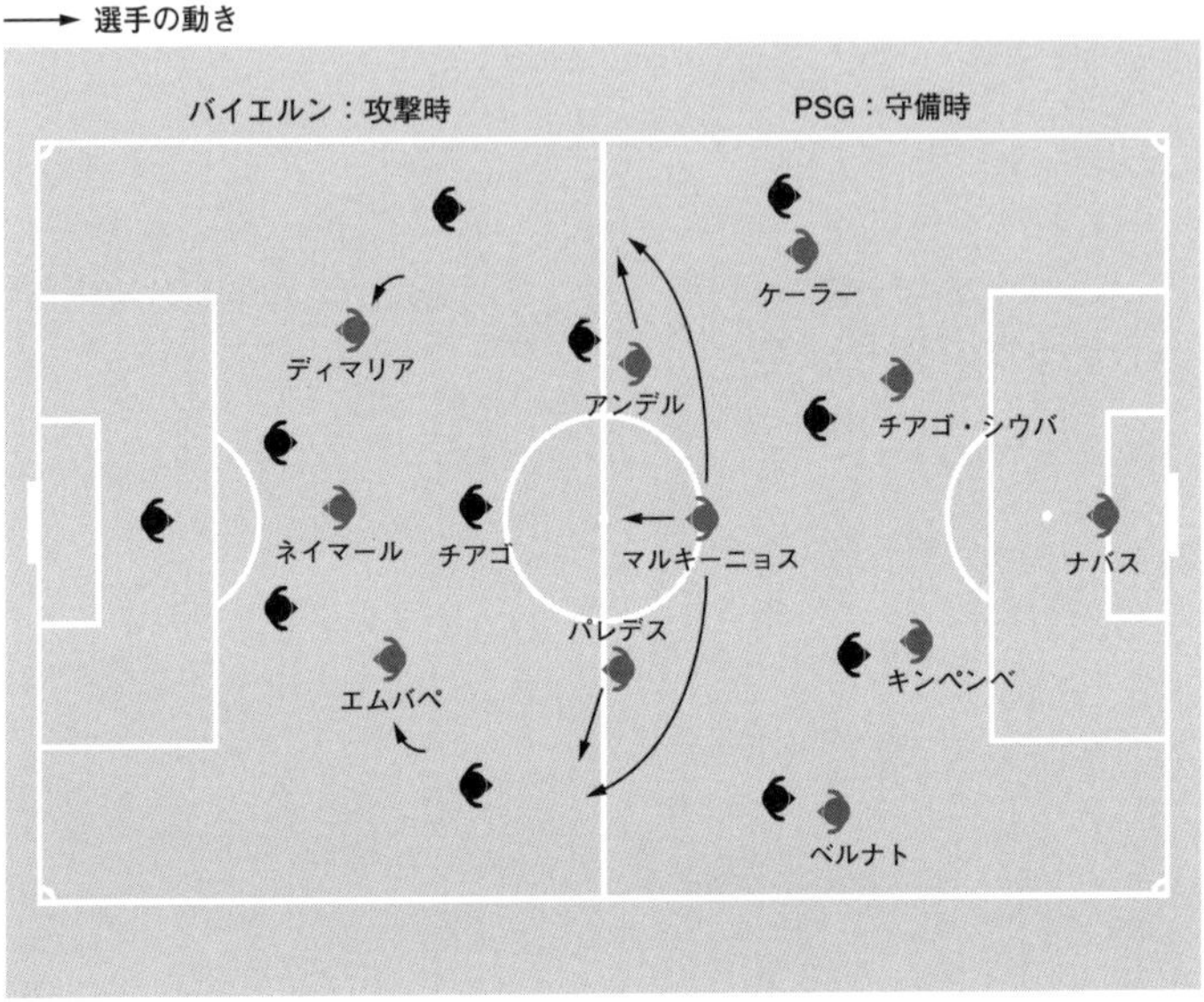

結論から書くと、ボールを奪ったあとに鋭いカウンターを仕掛けるための形をつくっていました。

メカニズムは次の通りです。

ウイングのエムバペとディマリアが比較的中に絞って立った状態から、ネイマールがバイエルンのチアゴを消しながら前に出ていきます。そしてネイマールが飛び出したスペースは、後ろからアンカーのマルキーニョスが上がってカバーします。

このような連携にすると、エムバペとディマリアは比較的中央に近い位置に留まることができますよね。

そのメリットは何か？

答えは言うまでもないでしょう。ボールを奪ったときに2人がゴールに近い位置にいられるのです。すなわち鋭いカウンターを仕掛けられます。

実際、パレデスからエムバペへパスを出してカウンターにつなげた場面がありました。

このやり方だとバイエルンのサイドバックは常にフリーなため、そこへパスを出されると混乱しかねません。

しかしPSGはパレデスらインサイドハーフがサイドに出てカバーし、問題を解決していました。ときにはマルキーニョスがサイドまで出ていくことすらありました。

エムバペとディマリアを生かすために、ネイマールを含めた他の選手が献身的に動いていたのです。

ただし、その献身性が裏目に出たのが、バイエルンの決勝点の場面でした。

チアゴがセンターサークル付近でボールを持ったとき、マルキーニョスが猛然と前へ出てチェックにいったのです。そのときPSGの3トップは全員歩いていました。

チアゴはその隙を見逃しませんでした。右サイドバックから中央まで絞っていたキミッヒに斜めのパスを通します。キミッヒからパスを受けたニャブリが大外からクロスを上げ、ミュラーがチアゴ・シウバのチェックを背中から受けながらも柔らかいタッチで後方に落とします。

それを拾ったキミッヒがファーサイドに浮き球のクロス。ファーサイドのエリアで、バイエルン2人（レバンドフスキとコマン）に対してPSGはケーラーしかいません。最後はフリーのコマンがヘディングで合わせて決勝点を叩き込みました。

マルキーニョスが前に出たことで、チアゴ・シウバも前に出ざるをえず、その結果、ファーサイドでバイエルンの数的優位が生まれたのです。

ここでもう1つ注目すべきは、右サイドバックのキミッヒのポジショニングでしょう。キミッヒは常に中央に立ち位置を取るわけではなく、ニャブリが中に入っ

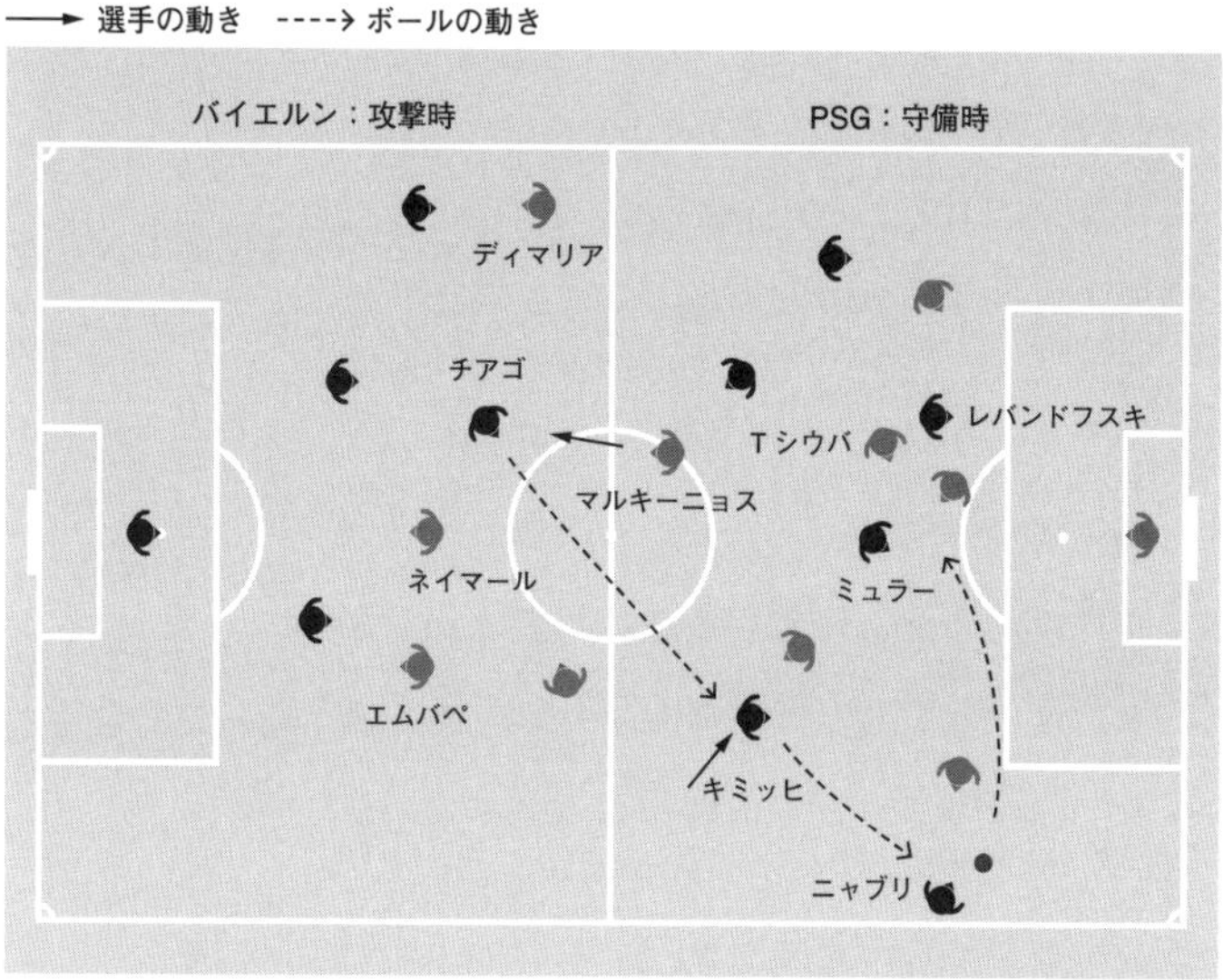

バイエルン得点シーン（1／2）

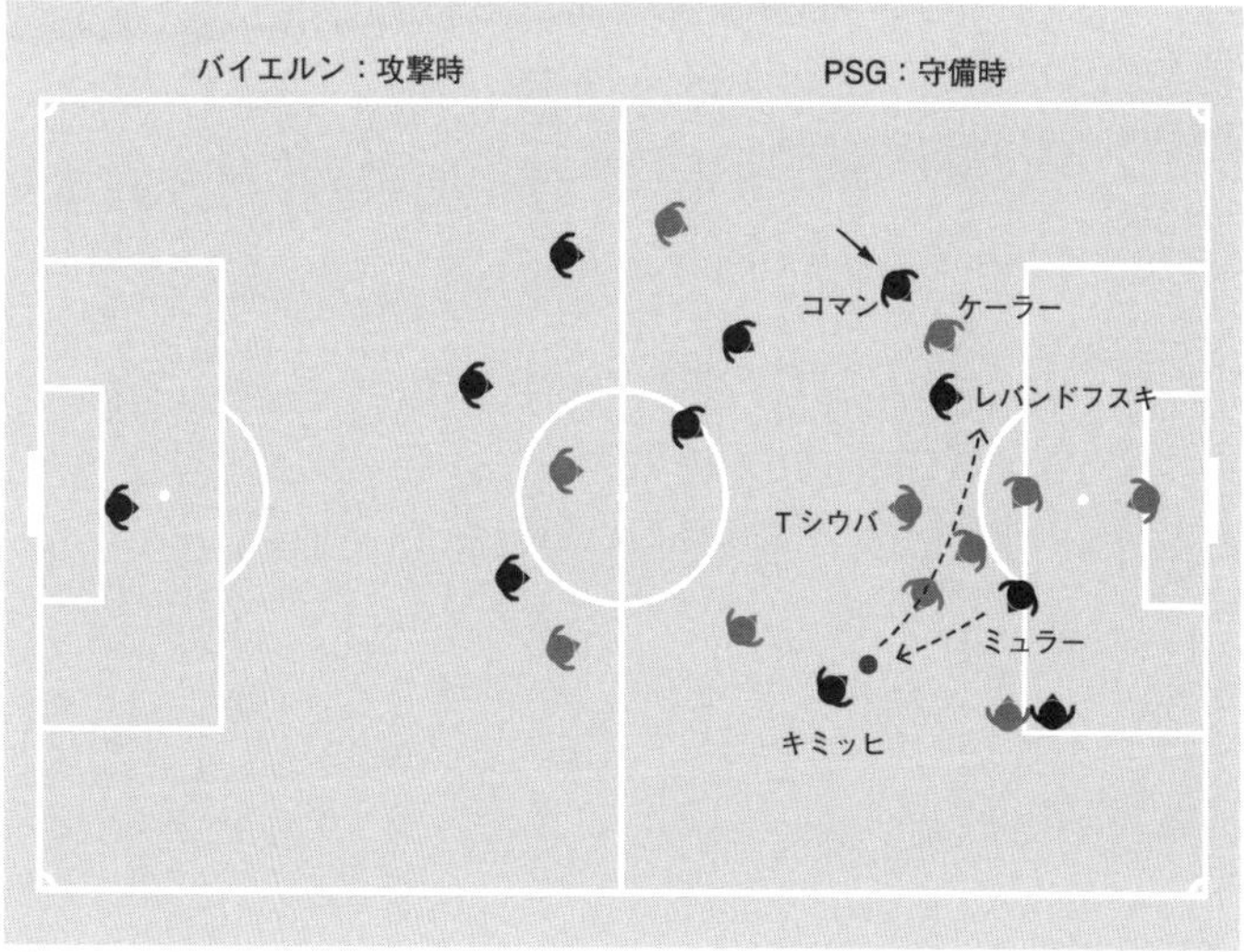

バイエルン得点シーン（2／2）

たら外に出ていきます。

バイエルンは他にもゴレツカが上がったらミュラーが下がるなど、5レーンの使い方が変幻自在。ポジションチェンジを頻繁にしながらも、選手たちが周りを見てバランスが悪くならないようにしていました。

フリック監督はプレスのやり方を2つ用意したり、臨機応変に5レーンを使えるようにしたり、わかりやすく約束事を伝えている印象です。その共通理解があるからこそ、選手たちは迷いなくフィジカルを爆発させられたのでしょう。

敗者の将となったトゥヘルですが、カウンターでエムバペとディマリアを生かす戦術は十分に機能していたと思います。ただ、個人的にひとつ修正して欲しかったのはロングボールの連携です。

バイエルンの高強度・高連動のプレスに飲み込まれ、PSGはロングボールを蹴らざるをえない展開になりました。

しかし、PSGの3トップはネイマール、エムバペ、ディマリアで、3人とも空中戦で競り合うのを好むタイプではありません。中央にアバウトにロングボー

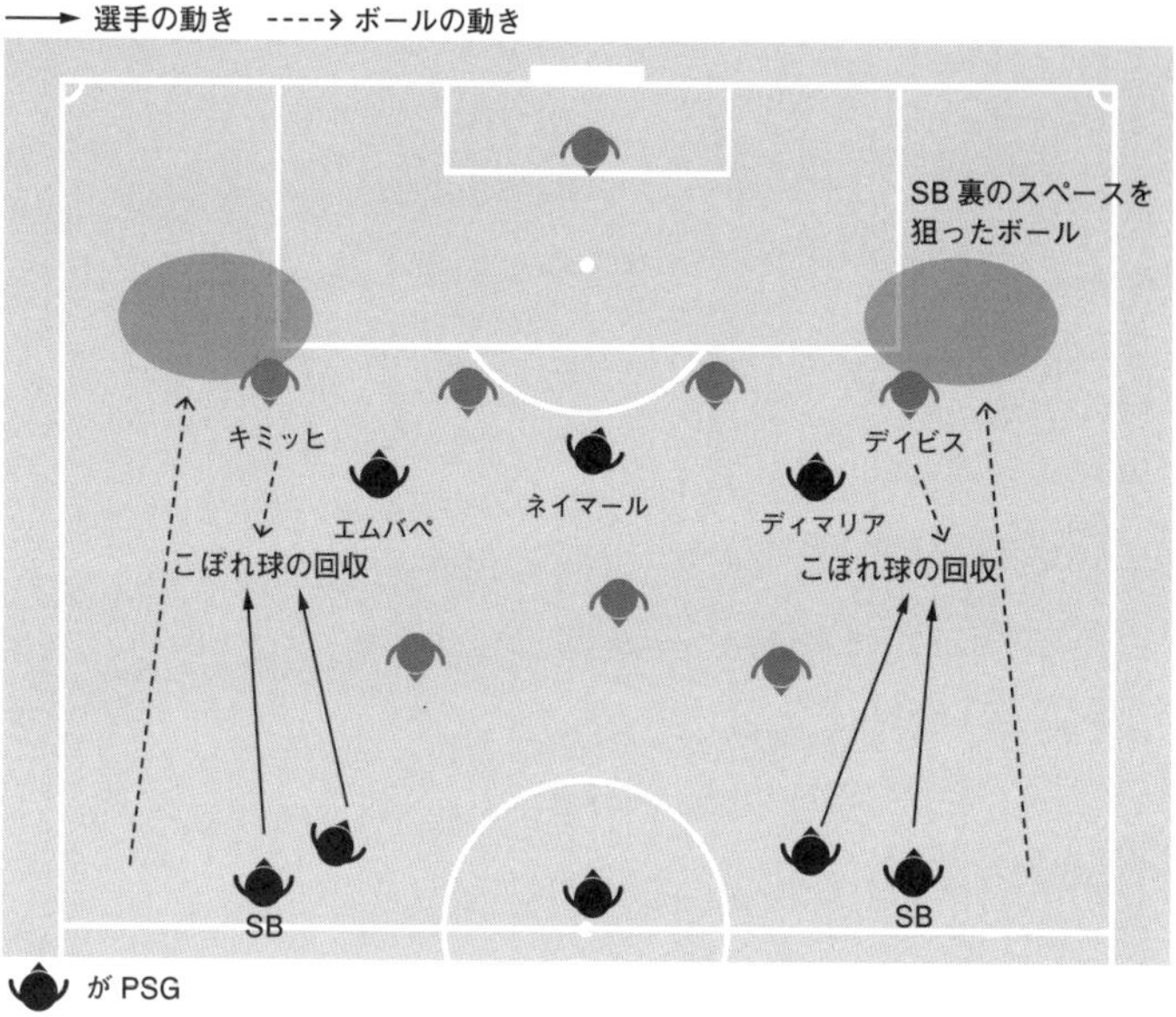

ルを入れても、簡単にバイエルン側に回収されてしまいました。

そうさせないための手段として、サイドバックの裏に蹴り、デイビスやキミッヒが弾き返したあとのボールを狙うというやり方もあったはずです。

もう一工夫があれば、同点に追いつくことも不可能ではなかったと思います。

【YouTubeでこの試合を徹底解説】

※スマートフォンなどで読み取ってください。
※予告なく終了する可能性があります。
(https://www.youtube.com/watch?v=-9JMZi0-WAw)

コラム４　理想的な「同サイド圧縮」

⬇詳しくは「講義13」

２０２３年2月26日のスタッド・ランス対トゥールーズで伊東純也が先制点を決めた場面を取り上げます。

中央に絞った相手右ＳＢがバックパスすると1トップのバログンが一気に詰め、相手ＧＫはたまらず右ＣＢへパスします。この時点で右ＭＦの伊東純也は同サイド圧縮して中央にいました。

追い込まれた右ＣＢが前方へクリアすると、こぼれ球が中央の伊東につながります。伊東はドリブルでペナルティーエリアへ侵入すると、ＧＫをフェイントで倒して冷静にシュートを決めました。同サイド圧縮で全パスコースを遮断し、クリアを強いることによって生まれた得点でした。

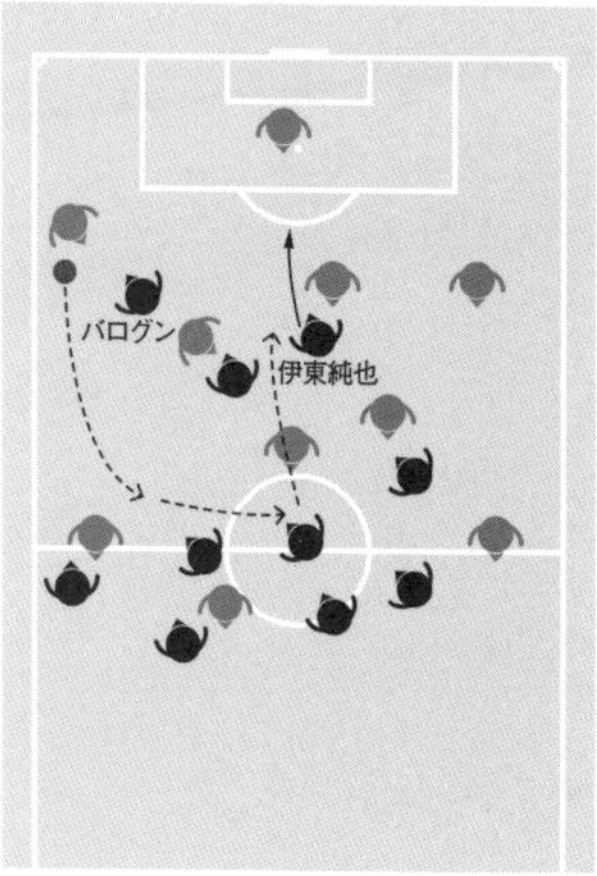

あとがき

本書を出版した2023年は、僕にとってターニングポイントになりそうです。僕が監督を務めるシュワーボ東京が新たなフェーズに突入したからです。

スポンサーからの支援と新たなビジネスパートナーの出資を得て、スタッフに給与を払うことができるようになりました。今までは選手たちからグラウンド使用料などのために会費を徴収していましたが、それも撤廃し全選手の費用を無償化。プロチームへの第一歩として、数名の選手に報酬を支払いプロ契約でチームを引っ張ってもらっています。

シュワーボはまだ都リーグ4部に所属しているにすぎませんが、本気で上のカテゴリーを目指す体制を整え、階段を一つずつ上っています。

戦力も一気に拡充しました。

これまではあくまでオンラインサロンのメンバーによる「同好会」的なチーム

で、プロ経験がある選手などの勧誘はしてきませんでした。僕の指導力を過信していたわけではありませんが、それでもいいチームをつくれると考えていたんです。

しかし、都リーグ4部は日本サッカーピラミッドの下位とはいえ、競技系であることに変わりはありません。2023年は僕自身も有力な選手に声をかけ、積極的な選手募集を行いました。

その結果、素晴らしい選手たちが集まってくれました。

ハノーファーⅡやジェフ千葉でプレーした能登正人、カターレ富山でプレーした村松知輝、関東1部リーグのジョイフル本田つくばFCに所属していたリベンジャーズのおば太郎、帝京長岡出身でウィナーズのあゆむが新たに加わりました。1シーズン1カテゴリー昇格を目指せるメンバーがそろいつつあると自負しています。

とはいえ、都リーグはまさに群雄割拠で、どんなに戦力がアップしても決して甘いリーグではありません。

都リーグ1部には本田圭佑さんが発起人のEDO ALL UNITEDが、都リーグ2部には堀江貴文さんが設立したTOKYO2020 FCがいます。他にもJリーグを目指す強豪がたくさん存在しています。

その中でシュワーボは何を武器にしていくのか?

答えはシンプルです。

それは本書の最大のテーマである「知性」。

見ている人の知的探究心を刺激しまくり、日本サッカー界の戦術の進化に大きく貢献できるクラブを実現します。

「サッカーを見るのに90分は長い」という意見もあるようですが、そんな概念をシュワーボの試合を見ている人たちは誰も持たないような試合をするのが目標の一つです。

それにはやはり資金が必要です。

寂しい話に聞こえるかもしれないですが、プロサッカークラブというのは、いかにお金をたくさん集めて、いかにそれをうまく使うかのゲームです。「お金を集める人」であるオーナーと「お金をうまく使う人」であるスポーツダイレクターがそろってこそ戦略的に成長できる。また、お金があるからこそ賢くて優秀な人材が他業界に流れずに、その知性をサッカー業界に注いで活性化させてくれるというものです。

今後、僕は監督業だけでなく、ピッチ外のオーナー業とスポーツダイレクター業にも力を入れ、現場とYouTubeや各種メディアの活動を行き来して、キレイごとじゃない夢のためにお金をかき集めて上手に使っていきます。これは日本サッカー全体の底上げにもつながることです。

僕は日本人のサッカーにおける能力を心から信じています。

「信じる」という主観的な表現を避けたいほどに、トップレベルの日本人選手は皆強くてうまくて謙虚で、知性を使ってサッカーをする才能を持っているのは現象から読み取れる事実です。

そんな日本のサッカー選手たちに知性を与えきれない指導や采配によって、いつまでもその実力を持て余す代表もクラブも見たくありません。

日本はジャイアントキリングを目指す国ではなく、強豪国を目指す国です。そのために僕は傍観者ではなく体現者でありたい。

本書で書いた内容の「実戦での効果」を一人でも多くの人にわかっていただき、多くの現場で実践していただくために、クラブ経営や現場での指導、各種メディア発信や本書のような執筆など、様々な行動によって引き起こされる「現象と結果」で日本サッカーを前進させ続けるのが僕の使命だと感じています。

いずれ情熱と知性で世界のサッカーを牽引する存在に日本がなれたとき、この本を読んでくださった方たちが僕のことを思い出してくれたら、僕は僕の生まれてきた意味を果たせたということだと思います。

本書をつくるにあたり、スポーツライターの木崎伸也さんと編集者の笠原裕貴さんに大変お世話になりました。そしてシュワーボ東京で共に戦ってくれる選手やスタッフ、サポーター、Leo the football TVの視聴者の皆様にこの場を借りて感謝をお伝えします。

最後にあらためて、読者の皆様にお礼を申し上げます。
本書を手に取っていただき、本当にありがとうございました！
またYouTubeでお会いしましょう。

Leo the football

ブックデザイン	今田賢志
組版・図版	クニメディア
校正	城所大輔（多聞堂）
	鷗来堂
編集	笠原裕貴

著者　Leo the football（レオザフットボール）
日本一のチャンネル登録者数を誇るサッカー戦術分析YouTuber。日本代表やプレミアリーグを中心とした欧州サッカーリーグのリアルタイムかつ上質な試合分析が、目の肥えたサッカーファンたちから人気を博す。サッカー未経験ながら独自の合理的な戦術学を築き上げ、自身で立ち上げた東京都社会人サッカーチーム「シュワーボ東京」の代表兼監督を務める。

構成　木崎 伸也（きざき しんや）
「Number」など多数のサッカー雑誌・書籍にて執筆し、2022年カタールW杯では日本代表を最前線で取材。著書に『サッカーの見方は1日で変えられる』（東洋経済新報社）、『ナーゲルスマン流52の原則』（ソル・メディア）のほか、サッカー代理人をテーマにした漫画『フットボールアルケミスト』（白泉社）の原作を担当。

蹴球学《しゅうきゅうがく》　名将《めいしょう》だけが実践《じっせん》している８つの真理《しんり》

2023年６月２日　初版発行
2024年３月15日　８版発行

著者／Leo the football《レオ ザ フットボール》
構成／木崎 伸也《きざき しんや》

発行者／山下 直久

発行／株式会社KADOKAWA
〒102-8177　東京都千代田区富士見2-13-3
電話 0570-002-301（ナビダイヤル）

印刷所／図書印刷株式会社
製本所／図書印刷株式会社

●お問い合わせ
https://www.kadokawa.co.jp/（「お問い合わせ」へお進みください）
※内容によっては、お答えできない場合があります。
※サポートは日本国内のみとさせていただきます。
※Japanese text only

定価はカバーに表示してあります。

ISBN 978-4-04-606142-3 C0075